改訂版

これならわかる 貿易 書類 入門塾

貿易ビジネスコンサルタント
ジェトロ認定貿易アドバイザー
（現AIBA認定貿易アドバイザー）

黒岩 章

かんき出版

はじめに

　貿易実務を学ぶアプローチにはいろいろあります。なかでも本書のように、書類を切り口として輸送、通関、保険、決済など各業務の流れを把握する方法は、地道な努力を必要としますが、確固たる貿易実務の知識を身に付けるには有効な手段です。

　貿易実務の現場では、各業務を実行した証として確認書や証明書など数多くの書類が作成されています。これら書類に記載された事項や書類の流れを理解することで、貿易実務における各業務の基礎知識が自然に培われます。

　貿易書類の電子化の流れは今後も進んで行くと考えられますが、情報伝達の手段が紙から電子データに置き換わった場合でも、それぞれの書類がもっている機能に変わりはありません。

　貿易書類のEDI（電子データ交換）化がさらに進むこれからの時代においては、書類の記載事項や流れを把握しておくことがより求められます。そのためにも、内容を確認しやすい紙の書類で各業務を理解しておくことが、確実な備えとなります。

　本書では、貿易実務における基本的で使用頻度の高い約50種類の書類を選び、その書類が作成される手順や流れを説明することで、より現場に近い感覚で貿易実務を理解いただけるように努めました。

　本書がこれから貿易実務を学ばれる方や、もう一度知識を整理しようと考えられている方のお役に立てることを祈念しております。

　2021年5月

黒岩　章

CONTENTS

CONTENTS

第**5**章 通関にかかわる書類

CONTENTS

第**6**章 **決済にかかわる書類**

第7章 保険にかかわる書類

CHAPTER 1

第 **1** 章

貿易取引の流れと書類の役割

1 貿易書類の機能と役割とは

貿易実務で利用される書類はモノとカネの動きを円滑にします。

☆ 書類の役割

貿易とは、国をまたがって商品とお金を交換する取引のことです。国をまたがってモノ（商品）やカネ（代金）を移動させる貿易実務の現場では、メーカー、商社、省庁、税関、輸送会社、海貨業者、通関業者、銀行など多くの関係者が関連しながら業務を行います。

貿易の業務は多岐にわたり、行政機関や税関への輸出入申請や許可、輸出者と輸入者の間で交わすオファー、契約、船積通知、支払指示、その他にも銀行との決済、輸送人との船積みや貨物の引き取り、保険会社への付保や求償などとさまざまです。これらの業務は、対面交渉や電話、Eメール、ファックス、レターなどを介して行われますが、その結果を記録し相手方に伝える証拠として、それぞれの目的に応じた書類が作成され、重要な役割を果たしています。

貿易実務における書類は、モノとカネの動きを確実にまた円滑に進めるため、依頼や保証、権限、補償、確約、証明、指示などさまざまな役割を果たしているのです。

☆ 船積書類

貿易実務で作成される多くの書類のなかでも「船積書類（→P32）」（Shipping Documents）と呼ばれる一群の書類は、輸出者が船積みを行った証拠書類として輸入者に送付するもので、代金の決済業務で重要な役割をもちます。貿易取引では、モノとカネを直接交換するのは現実的ではないため、モノの代わりに書類を売買することによって権利を移転させるからです。

輸出者は、契約履行の証である船積書類を輸入者に渡すことと引き換えにカネを受け取り、輸入者は受け取った船積書類を使ってモノを引き取ります。

● 貿易取引のモノ・カミ・カネの流れ

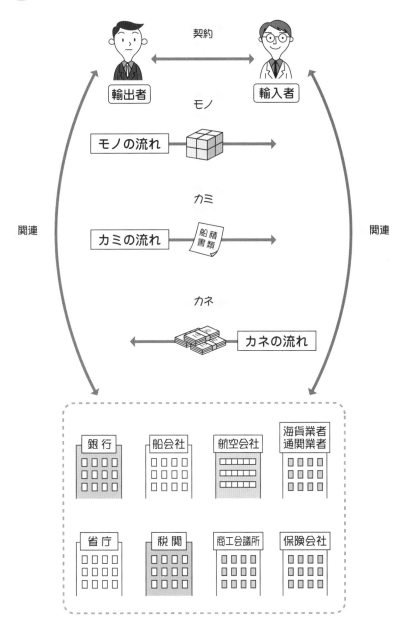

貿易取引の初期段階では市場調査や取引先探し、信用調査を行います。

✪ 市場調査から信用調査まで

①市場調査

　貿易取引の準備段階では、商品の市場調査（Marketing）を行います。市場調査では、商品の輸出先（輸入国）の文化、気候、政治や金融情勢などの基礎情報から、ターゲット市場の規模、消費者の好み、購買力について、商品（Products）を販売する流通ルート（Place）、価格（Price）、販売戦略（Promotion）など、マーケティングの4Pと呼ばれる要素を組み合わせて調査を行います。

②法規制チェック

　輸出入者は、取り扱おうとする商品が自国の貿易関連法に抵触しないか、また国際条約での規制を受けないかを調べて、規制を受ける商品であれば関係省庁から輸出入の許可を取得できるかどうかなど、詳細を検討します。

③取引先探し

　貿易取引は、地理的に遠く離れた商習慣の異なる相手との商取引なので、輸送中の事故や代金決済のリスクは国内取引に比べて格段に高くなります。そのため、信頼できる相手を選ぶことが、取引を円滑に進めるための重要な要素といえます。

　取引先探しは、銀行や公的機関の紹介、業界情報、見本市などの機会を利用して行います。

④信用調査

　取引先の信頼度は、営業活動や財務状況など複数の側面からチェックする必要があります。これらの調査は、訪問による直接面談や銀行や同業者からの情報の他、専門の調査機関による信用調査も一般的に行われています。

市場調査から信用調査までの流れ

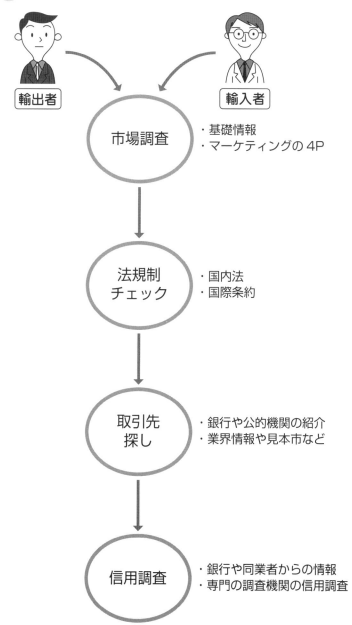

輸出者　　輸入者

市場調査
・基礎情報
・マーケティングの 4P

法規制チェック
・国内法
・国際条約

取引先探し
・銀行や公的機関の紹介
・業界情報や見本市など

信用調査
・銀行や同業者からの情報
・専門の調査機関の信用調査

3 貿易の流れ② 契約交渉

貿易取引の交渉は引き合い、オファーなどを経て契約成立となります。

⭐引き合いから契約まで

①引き合い

貿易取引の商談は、相手先の意向を照会する「引き合い（Inquiry）」から始まります。輸出者であれば自社商品のカタログや価格表を取引先候補に送付したり、輸入者であれば購入希望商品を取り扱うメーカーや商社に出荷可能数量や販売価格の問い合わせなどをします。輸出者か輸入者にかかわらず、通常は複数の取引先候補と引き合いを行って、取引交渉をする相手を絞り込んでいきます。

②オファー

引き合いによって、おたがいの売りと買いの意思が確認できれば、次は具体的な交渉を始めます。一般的には、輸入者が希望商品と数量や船積時期などの付帯条件を伝えて、輸出者が価格や取引条件などの輸出者案を「オファー（Offer）」として輸入者に伝えます。

オファーとは、相手に対する確約のことで、相手がそのオファーを承諾すれば契約が成立する拘束力をもちます。

③カウンターオファー

輸出者のオファーを輸入者が承諾しない場合は交渉は成立しませんが、輸入者側が別の案を輸出者に返答する「カウンターオファー」（Counter Offer）を出して交渉を続けることもできます。

カウンターオファーは新たなオファーとみなされるので、受け取った側が承諾すれば契約が成立します。通常の取引交渉では、カウンターオファーを繰り返し、成約か決裂かの決着がつけられます。

④契約の成立

輸出入者間でオファーをやり取りし、最後のカウンターオファーを他方が承諾すれば貿易取引は成立します。その確認として価格や条件など合意事項を記載した契約書（Contract）が作成されます。

引き合いから契約成立までの流れ

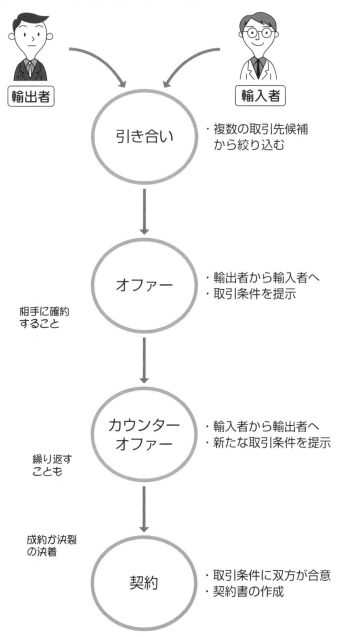

輸出者

輸入者

引き合い
・複数の取引先候補
　から絞り込む

相手に確約
すること

オファー
・輸出者から輸入者へ
・取引条件を提示

繰り返す
ことも

カウンター
オファー
・輸入者から輸出者へ
・新たな取引条件を提示

成約か決裂
の決着

契約
・取引条件に双方が合意
・契約書の作成

4 貿易の流れ③ 船積準備

貿易取引では輸出者と輸入者がそれぞれ船積準備と荷受準備をします。

☆ 輸出者の船積準備とは

輸出者の船積準備は次の手順で進められます。

① **信用状の受け取り**……L/C決済（→P178）で契約する場合は、銀行から信用状を受け取り、契約どおりの条件で開設されているかどうかを確認します。

② **輸出許認可の取得**……国際条約や国内法で輸出許認可を必要とする商品の場合、関係省庁に申請して輸出許可や承認を取得します。

③ **輸送の手配**……輸出者が輸送を手配する取引条件の場合、海上輸送では船会社に船腹予約（ブッキング）や用船（チャーター船の手配）を行い、航空輸送では航空会社やフォワーダー（航空貨物混載業者）に輸送手配を依頼します。

④ **貨物海上保険の申し込み**……輸出者が貨物海上保険を手配する取引条件の場合は、損害保険会社に予定保険を申し込みます。

⑤ **輸入者への船積通知**……輸入者に船積予定を連絡します。

☆ 輸入者の荷受準備とは

輸入者の荷受準備は次の手順で進められます。

① **信用状の開設**……L/C決済の契約の場合、銀行に信用状の開設を依頼し、信用状の要求書類として、輸入通関などに必要な書類を記載しておきます。

② **輸入許認可の取得**……輸入許可・承認や割当を必要とする場合は、関係省庁に申請して、許可・承認や割当などの許認可を取得します。

③ **輸送の手配と保険の契約**……輸入者が輸送や保険を手配する取引条件の場合、輸出者に出荷準備完了予定を確認して、輸送手配や予定保険の申し込みをします。

輸出者と輸入者の船積準備の流れ

船 積 準 備

輸出者

輸入者

輸出者	輸入者
❶ 信用状の受け取り	❶ 信用状の開設手続き
❷ 輸出許認可の取得	❷ 輸入許認可の取得
❸ 輸送の手配 （取引条件による）	❸ 輸送の手配 （取引条件による）
❹ 貨物海上保険の申し込み （取引条件による）	❹ 貨物海上保険の申し込み （取引条件による）
❺ 船積予定の連絡	

5 貿易の流れ④ 輸出業務

輸出者の船積みから代金回収までの手順は次のとおりです。

☆ 船積みから代金回収まで

①輸出通関と船積み

輸出者は、船積みする本船や航空機が決まれば、海貨・通関業者に、輸出通関に必要な書類（インボイス、パッキングリスト、輸出許可・承認証など）を送付し、通関や貨物搬入など諸手続きの代行を依頼します。

海貨・通関業者は、税関での輸出通関手続きを代行し、許可取得後に船会社や航空会社に貨物を引き渡し、船積みを実行します。

②船荷証券・航空運送状の取得

船積みが完了すれば、輸出者は、海上輸送の場合は船荷証券を、航空輸送の場合は航空運送状を、運送人から受け取ります。

次いで輸出者は、船積日や数量などの確定情報と本船の仕向地到着予定などを輸入者に連絡します。

③貨物海上保険証券の取得

輸出者が貨物海上保険を手配する契約の場合、輸出者は保険会社に船積明細を伝えて確定保険を申し込み、保険証券を受け取ります。

④その他の船積書類を入手

輸出者は、輸入者との代金決済に必要な船積書類を準備します。L/C決済の場合はL/Cが要求する船積書類を準備します。

⑤船積書類の送付と代金回収

輸出者は、荷為替手形決済（→P170）の場合は、為替手形を振り出し、輸入者に銀行経由で荷為替手形を送付して代金を回収します。送金決済の場合は、船積書類を直接輸入者に送付して代金を回収します。

船積みから代金回収までの流れ

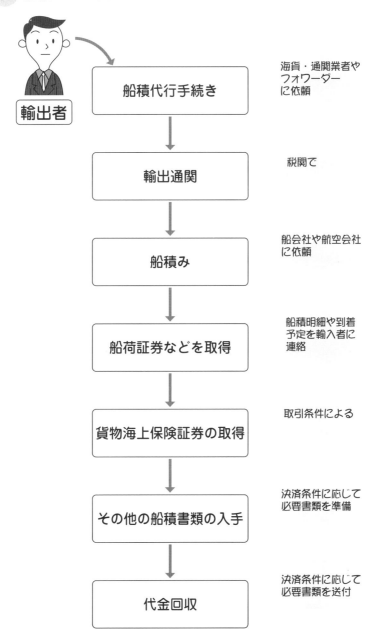

輸出者	
船積代行手続き	海貨・通関業者やフォワーダーに依頼
輸出通関	税関で
船積み	船会社や航空会社に依頼
船荷証券などを取得	船積明細や到着予定を輸入者に連絡
貨物海上保険証券の取得	取引条件による
その他の船積書類の入手	決済条件に応じて必要書類を準備
代金回収	決済条件に応じて必要書類を送付

6 貿易の流れ⑤　輸入業務

輸入者の代金支払いから貨物引き取りまでの手順は次のとおりです。

✪代金支払いから貨物引き取りまで

①代金支払いと船積書類の入手

代金の支払いと船積書類の入手方法は、荷為替手形決済とそれ以外で次のように異なります。

- **荷為替手形決済の場合**……輸入者は銀行から呈示される為替手形の支払いまたは引き受けを行い、船積書類を入手します。
- **送金決済とその他の決済の場合**……輸入者は船積書類を輸出者から直接受け取ります。代金の支払いは、契約で合意した支払期日に送金、あるいはネッティングによる相殺を行います。

②輸入手続きの委託

輸入者は入手した船積書類を海貨・通関業者に渡して、輸入通関や貨物の引き取り手続きを委託します。

③貨物の引渡請求

海上輸送の場合、輸入者（またはその委託を受けた海貨・通関業者）は船荷証券を船会社に差し入れて貨物の引き渡しを請求します。航空輸送の場合、航空運送状の差し入れの必要はなく、航空運送状に記載されている荷受人に引き渡されます。

④輸入通関と関税の支払い

海貨・通関業者は、輸入者から受け取った船積書類を用いて税関で輸入通関の手続きを行います。税関の輸入許可は、輸入者が関税を支払った後に出されます。

⑤貨物の引き取り

輸入者は、自社工場や倉庫に輸入通関済みの貨物を引き取ります。

⑥クレーム処理

輸入者が貨物を受け取ったとき、輸送中に損傷を受けていることが発見されたら、保険会社に保険求償を行います。

代金支払いから貨物引き取りまでの流れ

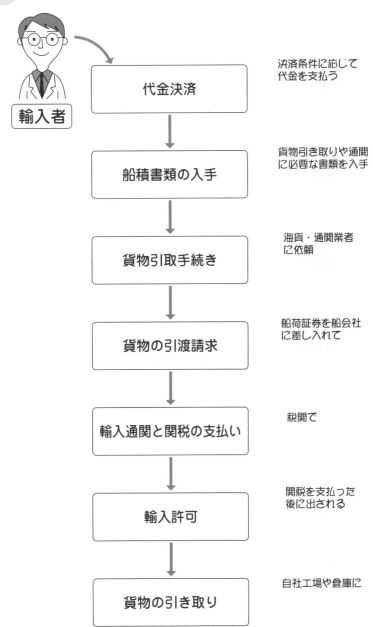

輸入者

代金決済 — 決済条件に応じて代金を支払う

船積書類の入手 — 貨物引き取りや通関に必要な書類を入手

貨物引取手続き — 海貨・通関業者に依頼

貨物の引渡請求 — 船荷証券を船会社に差し入れて

輸入通関と関税の支払い — 税関で

輸入許可 — 関税を支払った後に出される

貨物の引き取り — 自社工場や倉庫に

7 インコタームズとは

貿易取引はインコタームズという貿易取引規則のもとに行われます。

✪ インコタームズ

　インコタームズ（INCOTERMS）は、International Commercial Termsの略称で、国際商業会議所（ICC：International Chamber of Commerce）が制定した貿易取引規則のことです。

　インコタームズは1936年に制定されてから、コンテナ船の出現や航空輸送の活発化など、運送手段の変革に対応して、規則の追加や改訂が行われ、最新版はインコタームズ2020（2020年1月1日に発効）となっています。

　インコタームズは、貿易輸送中の商品の「危険」と「費用」を売り手（輸出者）と買い手（輸入者）間でどのように分担するかなどそれぞれの義務について、11種類の規則を策定し、3文字のアルファベットで記号化しています。

　インコタームズ11規則は、次の2つのグループに分かれています。

1……すべての運送手段に適した規則

　陸、海、空、すべての運送モードと複数の運送手段を組み合わせた一貫運送にも対応している規則です。

2……船舶運送にのみ適した規則

　海上輸送や内陸水路の船舶運送にのみ対応している規則です。

✪ インコタームズと契約

　インコタームズは、国際条約ではないので強制力はありません。

　売買契約の当事者が採用の合意をすることによって、契約の取引条件として効力を発揮するものです。採用する場合は「INCOTERMS2020」の文言を契約書に記載しておきます。

　インコタームズに規定されていなかったり、予測できない事態が発生した場合は、売買契約にもとづいて当事者間の協議で解決します。

2020年版インコタームズ

●すべての運送手段に適した規則
（原文では、「Rules for any mode or modes of transport」いかなる単一または複数の運送手段にも適した規則）

インコタームズ 貿易規則	英文での呼称 （和文での呼称）	使用方法
EXW	EX WORKS （工場渡し）	EXW（insert named place of delivery） （指定引渡地を挿入）
FCA	FREE CARRIER （運送人渡し）	FCA（insert named place of delivery） （指定引渡地を挿入）
CPT	CARRIAGE PAID TO （輸送費込み）	CPT（insert named place of destination） （指定仕向地を挿入）
CIP	CARRIAGE AND INSURANCE PAID TO （輸送費保険料込み）	CIP（insert named place of destination） （指定仕向地を挿入）
DAP	DELIVERED AT PLACE （仕向地持込渡し）	DAP（insert named place of destination） （指定仕向地を挿入）
DPU	DELIVERED AT PLACE UNLOADED （荷卸込持込渡し）	DPU（insert named place of destination） （指定仕向地を挿入）
DDP	DELIVERED DUTY PAID （関税込持込渡し）	DDP（insert named place of destination） （指定仕向地を挿入）

●船舶運送にのみ適した規則
（原文では「Rules for sea and inland waterway transport」海上および内陸水路運送のための規則）

インコタームズ 貿易規則	英文での呼称 （和文での呼称）	使用方法 （使用例）
FAS	FREE ALONGSIDE SHIP （船側渡し）	FAS（insert named port of shipment） （指定船積港を挿入）
FOB	FREE ON BOARD （本船渡し）	FOB（insert named port of shipment） （指定船積港を挿入）
CFR	COST AND FREIGHT （運賃込み）	CFR（insert named port of destination） （指定仕向港を挿入）
CIF	COST INSURANCE AND FREIGHT （運賃保険料込み）	CIF（insert named port of destination） （指定仕向港を挿入）

＊2010年版インコタームズとの比較は巻末資料（→P215）を参照

☆ すべての運送手段に適した規則

○EXW……売り手の工場や倉庫などの「指定引渡地」で、危険と費用負担が移転する規則です。トラックなどの車両への積み込み、および輸出通関、輸入通関ともに、買い手の負担になります。

○FCA……買い手が輸送を手配し、売り手が商品を「指定引渡地で運送人に引き渡した時点」で、危険と費用負担が移転する規則です。輸出通関は売り手、輸入通関は買い手の負担になります。

○CPT……売り手が輸送を手配し、商品を「運送人に引き渡した時点」で、危険が移転する規則です。売り手は、危険移転までの費用と「指定仕向地」までの輸送費を負担します。輸出通関は売り手、輸入通関は買い手の負担です。

○CIP……売り手が、輸送と保険を手配し、商品を「運送人に引き渡した時点」で、危険が移転する規則です。売り手は、危険移転までの費用および「指定仕向地」までの輸送費と保険料を負担します。保険条件は最も広いてん補範囲のICC（A）条件と規定されています（→P28）。輸出通関は売り手、輸入通関は買い手の負担になります。

○DAP……輸入国側の「指定仕向地」で、荷おろしの準備ができている到着した運送手段の上で、危険と費用が移転する規則です。輸出通関は売り手、輸入通関は買い手の負担になります。

○DPU……輸入国側の「指定仕向地」で、到着した運送手段から荷おろし後、危険と費用が移転する規則です。輸出通関は売り手、輸入通関は買い手の負担になります＊。

○DDP……輸入国側の「指定仕向地」で、荷おろしの準備ができている到着した運送手段の上で、危険と費用が移転する規則です。輸出通関、輸入通関ともに売り手の負担になります。

＊DPU：2010年版の「DAT」を改称した規則（→P215）。

すべての運送手段に適した規則

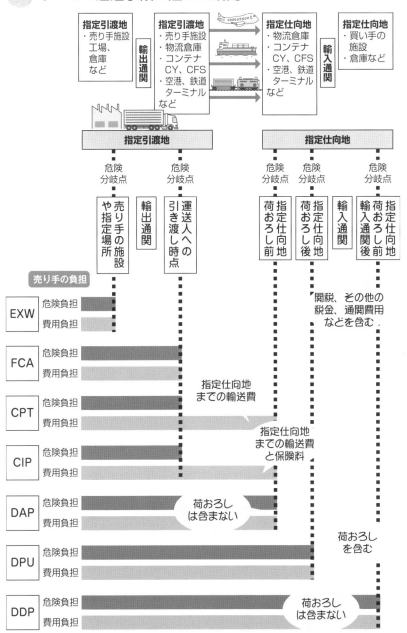

インコタームズ　船舶運送にのみ適した規則とは

バルクキャリアーや在来型貨物船など船舶輸送のみに対応しています。

☆ 船舶運送にのみ適した規則

○FAS……輸出国側の指定船積港で、買い手が手配した「本船の船側（せんそく）」に売り手が商品を置いた時点で、危険と費用負担が移転する規則です。輸出通関は売り手、輸入通関は買い手の負担です。

○FOB……輸出国側の指定船積港で、買い手が手配した本船に売り手が商品を積み込み、「本船上」で危険と費用負担が移転する規則です。輸出通関は売り手、輸入通関は買い手の負担になります。

○CFR……売り手が輸送を手配し、輸出国側の指定船積港で手配した本船に商品を積み込んだときに、「本船上」で危険が移転する規則です。売り手は危険移転までの費用と指定仕向港までの運賃を負担します。輸出通関は売り手、輸入通関は買い手の負担です。

○CIF……売り手が輸送と保険を手配し、輸出国側の指定船積港で手配した本船に商品を積み込んだときに、「本船上」で危険が移転する規則です。売り手は、危険移転までの費用にくわえ、指定仕向港までの運賃と保険料を負担します。保険条件は、もっとも狭いてん補範囲のICC(C)条件（→P198）と規定されています。輸出通関は売り手、輸入通関は買い手の負担になります。

☆ 2020年版インコタームズのおもな変更点

2020年版インコタームズでは、下記を含めておもに７項目が変更されています（P215の巻末資料を参照）。

①CIPで、売り手が手配する保険補償の水準をICC(A)に変更。
　CIFは、ICC(C)のままで変更はありません。

②DPUで、仕向地をターミナルに限定せずに「いかなる場所でも可」とし、DATから名称を変更。これにともない、荷おろし前に引渡しを行い危険を移転するDAPと順序を変更しました。

船舶運送にのみ適した規則

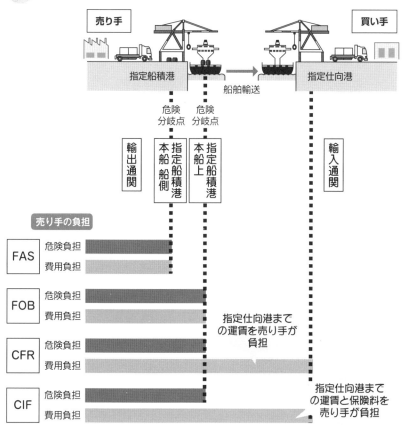

●適切なインコタームズ規則の使用
　FAS、FOB、CFR、CIF は、船舶輸送を対象として策定された規則です。コンテナ輸送や航空輸送の場合は、すべての運送手段に適した規則、すなわち FCA、CPT、CIP の使用が適切です。

●「本船上」の規定
　貨物の性状によっては、船積港において本船船倉内で固定作業などが行われますが、このような場合は船内荷役にかかわる危険と費用の分担を契約で取り決めておきます。

CHAPTER 2

第 **2** 章

貿易取引で最も
重要な書類

1 船積書類とその流れ

インボイス、パッキングリスト、船荷証券が代表的な船積書類です。

☆ 船積書類

船積書類は、輸出者が契約どおりに商品を船積みしたことを証明する書類の総称です。

代表的な船積書類としては、次の3つがあります。

①インボイス（商業送り状：Commercial Invoice）

②パッキングリスト（梱包明細書：Packing List）

③船荷証券（B/L：Bill of Lading）

これら3つの書類に加えて、取引条件により保険証券が追加されたり、輸入者の依頼によって原産地証明書などの書類が追加されます。

④保険証券（I/P：Insurance Policy）

⑤原産地証明書（C/O：Certificate of Origin）

貿易取引では、売り手と買い手が遠く離れていることからモノとカネを直接交換することはできません。そこで、モノを船積書類というカミに換えて、モノの代わりにカミを売買することで代金を決済します。

輸入者は、船積書類と引き換えに代金決済をしなければならないので、輸送人からの商品引き取りや輸入通関手続きに必要な書類はあらかじめ船積書類に含めて送るよう、輸出者に求めることが大切です。

☆ 船積書類の流れ

船積書類は輸出者から輸入者に送付されますが、送付するルートは決済方法によって異なります。

荷為替手形決済の場合は、荷為替手形の一部として銀行経由で送付され、送金決済やネッティングの場合は、輸出者から輸入者に直接送付されます。

主な船積書類

❶ インボイス

COMMERCIAL INVOICE

作成者	輸出者
宛　先	輸入者
機　能	・納品書 ・請求書
略　称	INVOICE

❷ パッキングリスト

PACKING LIST

作成者	輸出者
宛　先	輸入者
機　能	・梱包ごとの 　商品明細書
略　称	P/L

❸ 船荷証券

BILL OF LADING

発行者	船会社
宛　名	荷主（輸出者）
機　能	・貨物受取証 ・輸送契約書 ・貨物引渡証
略　称	B/L

❹ 保険証券

INSURANCE POLICY

発行者	損害保険会社
宛　名	保険契約者 （輸出者）
機　能	保険証明書
略　称	POLICY

❺ 原産地証明書

CERTIFICATE OF ORIGIN

発行者	商工会議所
宛　名	輸出者
機　能	・貨物原産国の 　証明書
略　称	C/O

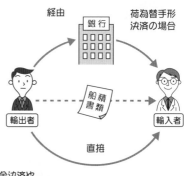

経由　　　　荷為替手形
　　　　　　決済の場合

銀行

船積書類

輸出者　　　輸入者

直接

送金決済や
ネッティングの場合

33

2 インボイスとは

商業送り状とも呼ばれるインボイスには、船積情報が記載されます。

✪ インボイス

インボイス（Invoice）とは、輸出者が輸入者に発行する納品書兼代金請求書のことで、「商業送り状」（Commercial Invoice）とも呼ばれます。

インボイスには、「契約に関する情報」「商品明細」「船積みに関する情報」「代金支払いに関する情報」など、その船積みに関連する主要事項が記載され、契約どおりに船積みされたことが示されます。

主な記載事項は、次のとおりです。

① **契約に関する情報**……輸出者と輸入者の名前と住所、売買契約番号、価格、取引条件、決済条件など。

② **商品明細**……商品名、規格や型番、個数、梱包数、重量、容積など。

③ **船積みに関する情報**……本船名、航空機便名、船積港、出港（予定）日、仕向港、引渡場所など。

④ **代金支払いに関する情報**……単価、建値、合計請求金額、支払方法、支払先銀行口座など。

✪ 特殊なインボイス

通常、インボイスといえば商業送り状のことを指しますが、他にも目的に応じたインボイスが作成されることがあります。

① **プロフォーマインボイス（Proforma Invoice）**……許認可取得などを目的として船積みの前に作成される見本インボイス。

② **税関用インボイス（Customs Invoice）**……輸出申告の際に税関に提出する目的で作成されるインボイス。

③ **領事送り状（Consular Invoice）**……輸入国における不正輸入申告防止目的で、当該領事館に提出するインボイス。

インボイスの例

Japan Export Co., Ltd. 1-XX Nihonbashi, Chuo-ku Tokyo, 103-00XX, Japan	**JE**

COMMERCIAL INVOICE

MESSERS ：	U.S.TRADING INC. **180 EAST OCEAN BLVD.** **LONG BEACH, CA 90802, U.S.A.** （輸入者名と住所）	DATE	June 22, 20XX （インボイス作成日）
		INVOICE NO.	JE0000111 （インボイス番号）
WAY OF TRANSPORTATION	**BY SEA** （輸送方法）	CONTRACT NO.	**AA12345** （契約番号）
VESSEL NAME	**MIHO EXPRESS** （本船名）	ON OR ABOUT	**June 29, 20XX** （船積日）
PORT OF LOADING	**KOBE, JAPAN** （船積港）	PORT OF DISCHARGE	**LONG BEACH, CA U.S.A.** （仕向港）
PAYMENT TERM	**IRREVOCABLE L/C** （決済条件）	DUE DATE	**At SIGHT** （支払い条件）

SHIPPING MARK	DESCRIPTION OF GOODS
U.S. TRADING INC. LONG BEACH U.S.A. STAINLESS STEEL PIPE SPEC. SIZE. NET WEIGHT: KGS GROSS WEIGHT: KGS C/NO. 1-50 MADE IN JAPAN （荷印）	**STAINLESS STEEL PIPE** （商品名） **AAA TYPE** （規格など） **BBB TYPE**

GOODS	QUANTITY	WEIGHT/ MEASUREMENT	UNIT PRICE	AMOUNT
	（数量）	（売買単位となる 重量または／容積）	（単価）	（請求金額）
AAA-TYPE	**100 PIECES**	**50 M/T**	**CIF LONG BEACH US$1,000.00/MT**	**US$50,000.00**
BBB-TYPE	**200 PIECES**	**150 M/T**	**CIF LONG BEACH US$1,200.00/MT**	**US$180,000.00**

TOTAL QUANTITY	**300 PIECES**	TOTAL AMOUNT	**US$230,000.00**
（合計数量）			（合計請求金額）

Japan Export Co., Ltd.

GENERAL MANAGER
EXPORT DEPT.
（輸出者署名）

35

3 パッキングリストとは

パッキングリストには、梱包ごとの商品情報が記載されます。

✪ パッキングリスト

　パッキングリスト（P/L：Packing List）とは、インボイスを補足する目的で作成する貨物の「梱包明細書」のことで、「梱包番号」「荷印」「各梱包の商品明細」「個数」「重量」などが記載されます。

　通常、パッキングリストはインボイスと同様の書式で作成されますが、価格や決済に関する情報は記載されません。

　輸入者は、パッキングリストを用いて貨物の保管や配送のための荷捌きを計画します。

　パッキングリストは、輸出入通関の手続きをするときに、インボイスとともに税関に提出されます。一方、税関職員は貨物の「現物検査」（→P148）を行う際に、パッキングリストを利用します。

✪ 荷印

　貿易輸送は、輸送距離が長く貨物を積み下ろす回数も多いので、輸送中の衝撃に耐えられるように、貿易輸送に適した頑丈な梱包を商品に行ったうえで船積みを行います。

　梱包の外面のわかりやすい場所には、中身や仕向地が判別できるように、「荷印」（Shipping Marks）を印字または貼り付けます。荷印には、その梱包内の商品明細の他、荷主、荷受人、仕向地、荷扱注意事項などが記載されます。

　輸入者側はパッキングリストと荷印を照合しながら、荷捌きや商品配送の管理を行います。

荷印の例

```
U.S.TRADING INC.
LONG BEACH U.S.A.
STAINLESS STEEL PIPE
AAA TYPE
2.0MM X 480MM X 12M
NET WEIGHT : 500KGS
GROSS WEIGHT : 502KGS
C/NO. 1
MADE IN JAPAN
```

パッキングリストの例

Japan Export Co., Ltd.
1-XX Nihonbashi, Chuo-ku
Tokyo, 103-00XX, Japan

JE

PACKING LIST

MESSERS :	**U.S.TRADING INC.**	DATE	**June 22, 20XX**
	180 EAST OCEAN BLVD.		（インボイス作成日）
	LONG BEACH, CA 90802, U.S.A.	INVOICE NO.	**JE0000111**
	（輸入者名と住所）		（インボイス番号）

WAY OF TRANSPORTATION	**BY SEA** （輸送方法）	CONTRACT NO.	**AA12345** （契約番号）
VESSEL NAME	**MIHO EXPRESS** （本船名）	ON OR ABOUT	**June 29, 20XX** （船積日）
PORT OF LOADING	**KOBE, JAPAN** （船積港）	PORT OF DISCHARGE	**LONG BEACH, CA U.S.A.** （仕向港）

SHIPPING MARK	DESCRIPTION OF GOODS
U.S. TRADING INC. **LONG BEACH U.S.A.** **STAINLESS STEEL PIPE** **SPEC.** **SIZE.** **NET WEIGHT:　KGS** **GROSS WEIGHT: KGS** **C/NO. 1-50** **MADE IN JAPAN** （荷印）	**STAINLESS STEEL PIPE** （商品名） **AAA TYPE** （規格など） **BBB TYPE**

NUMBER	QUANTITY	NET WEIGHT	GROSS WEIGHT	MEASUREMENT
	（数量）	（正味重量）	（梱包後の総重量）	（梱包後の容積）
AAA-TYPE **C/NO.1-20** （箱番号 1/20）	**100 PIECES**	**50 M/T**	**50.2 M/T**	**10 M3**
BBB-TYPE **C/NO.21-50** （箱番号 21/50）	**200 PIECES**	**150 M/T**	**150.3 M/T**	**15 M3**
TOTAL	**300 PIECES**	**200 M/T**	**200.5 M/T**	**25 M3**
（合計）				

Japan Export Co., Ltd.

GENERAL MANAGER
EXPORT DEPT.
（輸出者署名）

4 船荷証券とは

有価証券である船荷証券には、3つの機能があります。

⭐ 船荷証券

　船荷証券（B/L: Bill of Lading）とは、船会社が荷主である輸出者に発行する有価証券で、「貨物受取証」「輸送引き受けの証拠書類」（輸送契約書）「仕向港で貨物の引き渡しを求めることができる引渡証」の3つの機能をもっています。

　船荷証券の主な記載項目は、次のとおりです。

①荷主（Shipper）や受荷主（Consignee）に関する情報

　輸出者や輸入者、あるいは到着案内送付先など。

②輸送手段に関する情報

　本船名や航海番号、船積港、船積日、仕向地など。

③船積みした商品に関する情報

　商品名、数量、重量、容積、梱包、荷印など。

④その他の情報

　船荷証券番号、運賃先払いまたは後払いの区別、運賃率（記載されない場合もある）、船会社の署名など。

⭐ 船荷証券の原本

　船荷証券は原本（Original）が3通発行され、1通目には「First Original」、2通目には「Duplicate」、3通目には「Triplicate」といった文言が、印刷またはスタンプされています。

　この3通はいずれも1通で貨物の引き渡しを請求する効力をもっているため、3通のうちどれか1通を船会社に差し入れれば貨物の引き渡しは行われ、その時点で残りの2通の引渡請求権はなくなります。

　これは万一の場合の紛失に備えた措置なので、船積書類を送付する際は3通の原本は別々に郵送します。

船荷証券の例

Shipper **Japan Export Co., Ltd.** 1-XX Nihonbashi, Chuo-ku Tokyo, 103-00XX, Japan （荷主）	(Forwarding agents)

FIRST ORIGINAL

B/L No.
SKKL-YWXG-0010-8007

SHINWA KAIUN KAISHA, LTD.

（船会社）　"SHIPPED" BILL OF LADING（船積式B/Lの文言）

Consignee

To Order of Shipper
（受荷主）

SHIPPED on board in apparent good order and condition, unless otherwise indicated herein, weight, measure, marks, numbers, quality, contents, value, and any other particulars of the goods unknown, for carriage to the Port of Discharge and/or such other port or place permitted hereby or so near thereunto as the Vessel may safely get, lie and leave always afloat at all stages and conditions of water and weather, to be delivered in the like order and condition at the aforesaid Port unto Consignees or their Assigns, they paying freight as indicated below plus other charges incurred in accordance with the provisions contained in this Bill of Lading.

Notify Party

U.S. TRADING INC.
180 EAST OCEAN BLVD.
LONG BEACH, CA 90802, U.S.A.
（到着案内送付先）

In accepting this Bill of Lading the Merchant expressly accepts and agrees to all its stipulations on the front and back hereof, whether written, printed, stamped or otherwise incorporated, as fully as if they were all signed by the Merchant.

One original Bill of Lading must be surrendered duly endorsed in exchange for the goods or delivery order.

IN WITNESS whereof the Master of the said Vessel has signed the number of original Bills of Lading stated below, all of this tenor and date, one of which being accomplished, the others to stand void.

Local Vessel	(From)

Ocean Vessel MIHO EXPRESS （本船名）	Voy. No. 01	Port of Loading KOBE, JAPAN （船積港）	

Port of Discharge Long Beach U.S.A. （仕向港）	* For Transhipment to (if on-carriage)	* Final destination (for the merchant's reference only)

Marks & Numbers	No. of Pkgs. or Units	Kind of Packages or Units; Description of Goods	Gross Weight	Measurement
U.S. TRADING INC. **LONG BEACH U.S.A.** **STAINLESS STEEL PIPE** **SPEC.** **SIZE.** **NET WEIGHT: KGS** **GROSS WEIGHT: KGS** **C/NO. 1-50** **MADE IN JAPAN** （荷印）	**50 CASES** **300 PIECES** （梱包数）	**STAINLESS STEEL PIPE** **AAA TYPE** **BBB TYPE** （商品名）	**200.5 M/T** （総重量）	**25 M3** （容積）

Particulars furnished by the Merchant (CONTENTS UNKNOWN to the Carrier)

FREIGHT PREPAID
（運賃先払いの表示）

TOTAL NUMBER OF PACKAGES OR UNITS (IN WORDS)	**FIFTY (50) CASES ONLY**

FREIGHT & CHARGES	Revenue Tons	Rate	Per	Prepaid	Collect

Ex. Rate	Prepaid at **TOKYO, JAPAN** （運賃支払地）	Payable at	Place and Date of Issue **TOKYO JUN. 29, 20XX** （B/L 発行場所と日付）
	Total Prepaid in Local Currency	Number of Original B(s)L **THREE (3)** （正体B/L 数）	FOR THE MASTER

(JSA STANDARD FORM B)

THE TERM APPARENT GOOD ORDER AND CONDITION WHEN USED IN THIS BILL OF LADING WITH REFERENCE TO IRON STEEL OR METAL PRODUCTS DOES NOT MEAN THAT THE GOODS WHEN RECEIVED WERE FREE VISIBLE RUST OR MOISTURE IF THE SHIPPER SO REQUESTS, A SUBSTITUTE BILL OF LADING WILL BE ISSUED OMITTING THE ABOVE DEFINITION AND SETTING FORTH ANY NOTATIONS AS TO RUST OR MOISTURE WHICH MAY APPEAR ON THE MATE'S OR TALLY CLERK'S RECEIPTS.

(TERMS OF BILL OF LADING CONTINUED ON BACK HEREOF)

（船長または船会社署名）

2004/12-750 of recycled paper

5 船荷証券の分類

✪ いろいろある船荷証券

船荷証券は、書式や記載項目の種類によっていろいろな呼び名があります。主な分類は次のとおりです。

①船積式船荷証券と受取式船荷証券

船荷証券の書式による分類で、証券面に「Shipped」と印刷されているB/Lを「船積式船荷証券」（Shipped B/L）、「Received」と印刷されている書式のB/Lを「受取式船荷証券」（Received B/L）と呼びます。船積式は、本船に貨物が船積みされた証として発行され、在来型貨物船輸送で使用されています。

一方、受取式は、輸送人が貨物を受け取ったことの証として発行され、コンテナ輸送や複合一貫輸送で使用されています。

②記名式船荷証券と指図式船荷証券

船荷証券の記載事項による分類で、受荷主（Consignee）欄に受荷主を特定して記載したB/Lを「記名式船荷証券」（Straight B/L）、受荷主欄に「to order」または「to order of 〜」と記載し、受荷主を特定していないB/Lを「指図式船荷証券」（Order B/L）と呼びます。

記名式船荷証券は、仕向港では船荷証券面に記載されている荷受人にのみ貨物が引き渡されます。指図式船荷証券は、荷主が船荷証券に裏書き署名をすることにより貨物引取権を譲渡でき、正当に裏書きされた船荷証券の所持者に貨物が引き渡されます。

③無故障船荷証券と故障付船荷証券

船会社が受け取った時点で貨物に損傷があった場合、その損傷の内容は船荷証券に摘要事項（リマーク）として記載されます。

リマークが記載されたB/Lを「故障付船荷証券」（Foul B/L）、リマークのないB/Lを「無故障船荷証券」（Clean B/L）と呼びます。

船荷証券の分類

❶書式（印刷文言）の違いによる分類

船積式船荷証券

「Shipped on board …」と船積確認文言が印刷されている書式

Shipped B/L

（→P39）

受取式船荷証券

Received B/L

（→P93）

「Received…」と印刷されている書式。船積確認が必要な場合は別途「On Board Nation」の記載が必要

❷受荷主欄記載の違いによる分類

記名式船荷証券

受荷主（Consignee）名が記載されている

Straight B/L

（→P93）

指図式船荷証券

Order B/L

（→P39）

受荷主（Consignee）欄は、「to order」「to order of shipper」と指図式の記載になっている

❸リマークの有無による分類

無故障船荷証券

リマークは記載されていない

Clean B/L

（→P39、93）

故障付船荷証券

Foul B/L

リマークが記載されている
（→P118、121）

6 貨物海上保険証券とは

貨物海上保険証券は貨物海上保険を引き受けた証明書です。

☆ 貨物海上保険証券

貨物海上保険証券（Insurance Policy）とは、損害保険会社が保険契約者に発行する貨物海上保険の引受証明書のことです。

主な記載項目は、次のとおりです。

① 被保険者に関する情報……被保険者やインボイス番号など

② 保険の対象物に関する情報……商品名、梱包状態など

③ 輸送手段に関する情報……本船名や航空機便名、船積港、船積日、仕向地など

④ 保険条件に関する情報……保険基本条件、戦争約款などの特約、保険金額、保険区間、保険求償代理人など

☆ 貨物海上保険証券の書式

保険証券は、各損害保険会社が自社のフォームを作成していますが、記載される保険条件は、ICC（Institute Cargo Clauses）約款と呼ばれるロンドン保険業者協会が策定した約款が使用されます。

ICCの保険条件は、3種類の基本条件（→P198）に各種特約を追加する構成となっており、これらが保険の引受条件として保険証券の表面に記載されています。保険証券の裏面には、保険契約内容の詳細が記載されています。

実務的には、「保険証明書」（Insurance Certificate）と呼ばれる裏面の契約詳細記載を省略した簡略書式も使用されており、保険証券と同等の効力をもっています。

保険証券や保険証明書は有価証券ではありませんが、裏書きによって輸出者から輸入者へ、被保険者の権利を移転させることができます。

貨物海上保険証券の例

MARINE CARGO INSURANCE POLICY

SOMPO JAPAN INSURANCE INC.
HEAD OFFICE: X-X, Nishi-Shinjuku 1-Chome, Shinjuku-ku, Tokyo, 160-XXXX, Japan

ORIGINAL

Assured(s), etc.

Japan Export CO., LTD.
（被保険者）

Invoice No. **JE0000111** （インボイス番号）

Amount insured **U.S. $253,000.00** （保険金額）

POLICY No. **080612XX** （保険証券番号）

Claim, if any, payable at/in **U.S.A.**

Conditions :

BY
S.J. INSPECTION AND TESTING CORPORATION
XX PARK AVE. NEW YORK, N-Y. 10XXX, U.S.A.
PHONE 212-XXX-XXXX FX 212-XXX-XXXX
（保険求償代理人）

INSTITUTE CARGO CLAUSE（A）
（保険条件）

Local Vessel or Conveyance

From (interior port or place of loading)

Ship or Vessel
MIHO EXPRESS （本船名）

From
KOBE, JAPAN （船積港）

Sailing on or about
JUNE, 29, 20XX （船積日）

To/Transhipped at
LONG BEACH, U.S.A. （仕向港）

Thence to (by connecting conveyance, if any)

Subject-matter insured

STAINLESS STEEL PIPE
300 PIECES
（保険の対象物。商品名、数量、重量など）

Subject to the following Clauses as printed overleaf unless
expressly excluded, specially arranged or replaced
Institute Cargo Clauses
Institute War Clause (Cargo)
Institute War Clause (sendings by Post) (applying only to
Parcel Post)
Institute Strikes Clauses (Cargo)

In the case of Co-Insurance, Sompo Japan Insurance Inc. shall act on behalf of the Co-Insurers mentioned in this document, who
shall each be independently liable only for their respective subscriptions hereto as specified.

In construing the intention of this policy, precedence must first be given to the attached wordings/sheets with proper sealing, if
any, before applying the wordings printed in the policy.

In container (except open-top &/or flat rack rcontainer and the like), under deck &/or on deck.

Marks & Numbers as Invoice No. specified above. Valued at the same as Amount insured.

Place & Date signed in
TOKYO JUN. 30, 20XX （保険証券発行場所と発行日）

Numbers of Policies issued
TWO （発行された正本数）

IMPORTANT
PROCEDURE IN THE EVENT OF LOSS OR DAMAGE FOR WHICH
UNDERWRITERS MAY BE LIABLE

LIABILITY OF CARRIERS, BAILEES OR OTHER THIRD PARTIES

It is the duty of the Assured and their Agents, in all cases, to take such measures as
may be reasonable for the purpose of averting or minimising a loss and to ensure that all
rights against Carriers, Bailees or other third parties are properly preserved and exercised.
In particular, the Assured or their Agents are required:—
1. To claim immediately on the Carriers, Port Authorities or other Bailees for any
   missing packages.
2. In no circumstances, except under written protest, to give clean receipts when
   goods are in doubtful condition.
3. When delivery is made by Container, to ensure that the Container and its seals
   are examined immediately by their responsible official.
   If the Container is delivered damaged or with seals broken or missing or with seals
   other than as stated in the shipping documents, to clause the delivery receipt
   accordingly and retain all defective or irregular seals for subsequent identification.
4. To apply immediately for survey by Carriers' or other Bailees' Representatives if
   any loss or damage be apparent and claim on the Carriers or other Bailees for any
   actual loss or damage found at such survey.
5. To give notice in writing to the Carriers or other Bailees within 3 days of delivery
   if the loss or damage was not apparent at the time of taking delivery.
NOTE - The Consignees or their Agents are recommended to make themselves familiar
   with the Regulations of the Port Authorities at the port of discharge.

DOCUMENTATION OF CLAIMS

To enable claims to be dealt with promptly, the Assured or their Agents are advised to
submit all available supporting documents without delay, including when applicable :—
1. Original policy of insurance.
2. Original or certified copy of shipping invoices, together with shipping specification
   and/or weight notes.
3. Original or certified copy of Bill of Lading and/or other contract of carriage
4. Survey report or other documentary evidence to show the extent of the loss or damage.
5. Landing account and weight notes at port of discharge and final destination.
6. Correspondence exchanged with the Carriers and other Parties regarding their
   liability for the loss or damage.

☞ In the event of loss or damage which may involve a claim under this insurance, no
claim shall be settled unless immediate notice of such loss or damage has been given to and a
Survey Report obtained from this Company's Office or Agents specified in this Policy

No claim for loss by theft and/or pilferage shall be paid hereunder unless notice
of survey has been given to this Company's Agents specified in this Policy within
10 days of the expiry of this insurance

(NS)

Notwithstanding anything contained herein or attached hereto to the contrary, this
insurance is understood and agreed to be subject to English law and practice only as to
liability for and settlement of any and all claims.

This insurance does not cover any loss or damage to the property which at the time of the
happening of such loss or damage is insured by or would but for the existence of this Policy
be insured by any other insurance policy or policies except in respect of any excess
beyond the amount which would have been payable under the fire or other insurance policy
or policies had this insurance not been effected.

DUTY CLAUSE (applying only to Duty insured separately)

To pay partial loss sustained on duty imposed on the goods insured hereunder, by reason
of the perils insured against, but subject to the policy terms of average; also to pay total loss
if the goods are totally lost in accordance with the policy terms after the duty is paid.

In case of the insured amount of duty stated herein being in excess of the full amount of
duty imposed on the goods insured hereunder according to the relevant regulations when they
arrive at the final port of discharge named herein in sound condition, this Company's liability
shall not exceed the amount of actual loss of duty.

In case of the insured amount of duty stated herein being less than the full amount of duty
mentioned above, this Company's liability shall not exceed such proportion of the loss
sustained on duty as the former bears to the latter.

The Assured shall, when this Company so elects, surrender the goods to the Customs
Authorities and avoid duty payment, and in case of any reduction in duty the amount so
reduced shall be deducted in settling any loss for which this Company may be liable.

Subject to the following Clauses as printed overleaf

Institute Malicious Damage Clause (applicable only when this
clause is specially stated above)
Label Clause
Institute Dangerous Drugs Clause
Institute Radioactive Contamination, Chemical, Biological,
Bio-Chemical and Electromagnetic Weapons Exclusion Clause
Wild Fauna and Flora Clause
Cargo ISM Endorsement
Termination of Transit Clause (Terrorism)

1/1/34　INSTITUTE REPLACEMENT CLAUSE
(applying to machinery)

In the event of loss or damage to any part or parts of an
insured machine caused by a peril covered by the Policy the sum
recoverable shall not exceed the cost of replacement or repair of
such part or parts plus charges for forwarding and refitting, if
incurred, but excluding duty unless the full duty is included in the
amount insured, in which case loss, if any, sustained by payment
of additional duty shall also be recoverable.

Provided always that in no case shall the liability of Underwriters
exceed the insured value of the complete machine.

We, SOMPO JAPAN INSURANCE INC., hereby agree, in consideration of the payment to us by or on behalf of the Assured of the premium as arranged, to
insure against loss damage liability or expense to the extent and in the manner herein provided.

In Witness whereof, **I** the **Undersigned** of SOMPO JAPAN INSURANCE INC., on behalf of the said Company have subscribed **my** Name
in the place specified above to the policies, the issued numbers thereof being specified above, of the same tenor and date, one of which being accomplished, the
others to be void, as of the date specified above.

For SOMPO JAPAN INSURANCE INC.

A. Signatory （保険会社の署名）

AUTHORIZED SIGNATORY

(99)H5642) 180992

7 原産地証明書とは

原産地証明書は貿易取引商品の国籍を証明する公的書類です。

✪ 原産地証明書

原産地証明書（C/O: Certificate of Origin）とは、貿易取引商品の原産国を証明する公的な書類のことで、日本では商工会議所で発給を受けます。原産地証明書は、輸入者が輸入通関手続きを行う際に税関に提出し、関税率の確認や貿易管理の目的に使用されます。

✪ 原産地証明書の書式

日本の原産地証明書は、商工会議所の偽造防止処理が施された所定の書式で作成されます。輸出者は、商工会議所に会社と署名者の登録を行ったうえで、船積みごとに原産地証明書の発給を申請します。申請は、証明発給申請書に輸出者が記入・署名した原産地証明書とインボイスを添付して提出し、商工会議所の証明・署名を取得します。

✪ 原産地証明書の記載事項

原産地証明書の主な記載項目は、次のとおりです。

①インボイスに記載されている情報……契約情報、輸出者名、輸入者（受荷主）名、インボイス番号と日付

・商品情報……商品名、荷印、個数、数量、重量など

・船積情報……輸送本船名、積揚港、船積日など

②原産国名（COUNTRY OF ORIGIN）……日本を原産国として輸出する場合はJAPANと記載します。

③輸出者の宣誓と署名……記載した事項が真実であることを宣誓する文言（DECLARATION BY THE EXPORTER）が印刷されており、登録署名者が署名します。

④商工会議所の証明文言と署名

⑤リマーク欄……原則、空欄。必要に応じてL/C番号などを記載します。

原産地証明書の例

<table>
<tr>
<td>

1. Exporter (Name, address, country)

Japan Export Co., Ltd.
1-XX Nihonbashi, Chuo-ku　(輸出者)
Tokyo, 103-00XX, Japan
TEL 03-5204-XXXX FAX 03-5204-XXXX

</td>
<td>

CERTIFICATE OF ORIGIN
issued by
The Tokyo Chamber of Commerce & Industry
Tokyo, Japan

</td>
</tr>
</table>

2. Consignee (Name, address, country)

U.S. TRADING INC.
180 EAST OCEAN BLVD.
LONG BEACH, CA 90802, U.S.A.
(輸入者名、住所、国名)

× Print ORIGINAL or COPY

ORIGINAL

3. No. and date of Invoice
INVOICE No. JE0000111
DATE : JUNE 22, 20XX
(インボイス番号と日付)

4. Country of Origin
JAPAN (原産国)

5. Transport details

FROM KOBE, JAPAN TO LONG BEACH, U.S.A.
BY "MIHO EXPRESS" V-01
ON OR ABOUT JUNE 29, 20XX
(積揚港、輸送本船名、船積日など)

6. Remarks

(原則として空欄。必要に応じて
L/C 番号などを記載する)

7. Marks, numbers, number and kind of packages; description of goods

U.S. TRADING INC.
LONG BEACH U.S.A.
STAINLESS STEEL PIPE
SPEC.
SIZE.
NET WEIGHT: KGS
GROSS WEIGHT: KGS
C/NO. 1-50
MADE IN JAPAN
(荷印)

STAINLESS STEEL PIPE (商品名)

AAA TYPE 100 PIECES
BBB TYPE 200 PIECES
(商品明細、数量など)

8. Quantity

9. Declaration by the Exporter
The undersigned, as an authorized signatory, hereby declares that the above-mentioned goods were produced or manufactured in the country shown in box 4.

Place and Date: Tokyo　**JUNE 30, 20XX**
(輸出者の宣誓と日付)

(Signature)

(輸出者署名登録者の署名)

(Name)　**N.NOMA**
(輸出者、署名登録者氏名)

10. Certification
The undersigned hereby certifies, on the basis of relative invoice and other supporting documents, that the above-mentioned goods originate in the country shown in box 4 to the best of its knowledge and belief.

The Tokyo Chamber of Commerce & Industry

(証明印)

(商工会議所の証明と署名)

(No., Date, Signature and Stamp of Certifying Authority)

Certificate No.　(証明書番号)

TOKYO CCI Form CO 1999.10

8 特定原産地証明書とは

特定原産地証明書はEPAの原産地基準を満たすことを証明する公的書類です。

✪ 特定原産地証明書

日本は多くの国とEPA（Economic Partnership Agreement）と呼ばれる「経済連携協定」を締結しています。特定原産地証明書とは、EPAで取り決められた原産地基準を満たしていることを証明する公的書類のことで、輸入国側でEPAの関税優遇措置の適用を受けるために使用されます。

日本では、商工会議所で発給を受けますが、45ページの原産地証明書の書式例とは異なり、また申請方法もHP上で一連の申し込み手続きをする発給システムになっています。特定原産地証明書は、次のような手順で船積みごとに発給申請をします。

①輸出者は、商工会議所に会社と署名者の登録を行い特定原産地証明書発給システムのユーザーIDとパスワードを取得する

②申請対象の商品のH.S.コード（→P160）や原産品判定基準などをインターネットを経由して発給システムに入力し、原産品判定依頼を申し込む

③商工会議所の審査により日本の原産品と認定されたら、原産品判定番号が付与される（これで事前準備は完了）

④特定原産地証明書の申請は、船積みごとに発給システムに商品や船積みなどのインボイス情報を入力して行う

⑤申請が承認されれば、輸出者は所定用紙にプリントして宣誓署名をしたうえで商工会議所に提出して発給を受ける

✪ 特定原産地証明書の記載事項

特定原産地証明書には、通常の原産地証明書と同様の契約、商品、船積みなどの情報に加えて、該当する経済連携協定名、商品のH.S.コード、原産地判定の基準が記載されます。

＊原産地証明の自己申告制度（自己証明制度）は、巻末資料（→P216）を参照。

特定原産地証明書の例

1.Exporter's name, address and country: Japan Export Co., Ltd. 1-XX Nihonbashi, Chuo-ku　（輸出者名と住所） Tokyo, 103-00XX, Japan	Certification no. 08009544317380 XXXX（証明書番号）	Number of page 1 / 1

2.Importer's name, address and country: PT IMPORT COMPANY, INDONESIA （輸入者名と住所） XXXX XXXX JAKARTA INDONESIA	AGREEMENT BETWEEN JAPAN AND THE REPUBLIC OF INDONESIA FOR AN ECONOMIC PARTNERSHIP

3.Means of transport and route (as far as known)
Departure Date June 29, 20XX
Port of Discharge JAKARTA, INDONESIA （輸送本船名、積揚港）
Name of Loading Port KOBE JAPAN 　（船積日など）
AAA VESSEL

（対象となる経済連携協定）

CERTIFICATE OF ORIGIN
FORM JIEPA
Issued in Japan

4.Item number (as necessary); marks and numbers of packages; number and kind of packages; description of good(s); HS tariff classification number	5.Preference criterion	6.Quantity or weight	7.Invoice number(s) and date(s)
HOT ROLLED STEEL SHEET IN COIL : 720825 （商品名とＨ.Ｓ.コード）	C （原産地判定の基準）	NET 180 M/T （重量）	JE0000111 June 22, 20XX インボイス番号と日付
Number and kind of packages: **12 COILS** （包装、個数、数量、重量など）			

8.Remarks: ISSUED RETROACTIVELY

（L/C 番号など自由記載）

9.Declaration by the exporter:	10.Certification
I, the undersigned, declare that: - the above details and statement are true and accurate. - the good(s) described above meet the condition(s) required for the issuance of this certificate; - the country of origin of the good(s) described above is JAPAN Place and date: **Tokyo, December 18, 20XX** Signature: 　　　　　（輸出者の宣誓と署名） Name(printed): **N. NOMA** （登録署名者名） Company: **JAPAN EXPORT CO., LTD.** （社名）	It is hereby certified, on the basis of control carried out, that the declaration by the exporter is correct. Competent governmental authority or designee office: **The Japan Chamber of Commerce and Industry** Stamp: Place and date: **TOKYO JUNE 30, 20XX** （発行日） Signature: （商工会議所の証明と署名）

9 領事査証とは

領事査証は書類の偽造や不正な価格申告を防止するための制度です。

✪ 領事査証

領事査証（VISA）とは、輸入者が書類の偽造や不正な価格申告を防止するために、輸出国の在日公館で認証を行う制度のことです。輸出者は、輸入者からの依頼にもとづいて、在日領事館または公館で領事査証を取得します。

✪ 領事査証の書式

領事査証は、輸出者が作成するインボイス（Commercial Invoice）に、領事査証のスタンプを押印する形式で発給する方式が現在は一般的です。輸出者は船積み完了後に、在日領事館に領事査証申請を提出して、発給を受けます。申請には、インボイスの他に原産地証明書や船荷証券の写しの添付が必要な国もあります。

また多くの場合、商工会議所によるインボイス証明が求められるので、事前に手続きを取っておく必要があります。インボイス証明とは、そのインボイスが輸出者により正規に作成され、商工会議所に提示されたという事実を証明するもので、「Seen by the Tokyo Chamber of Commerce and Industry」という文言がインボイスに記載・署名されます。

査証の取得には、思わぬ日数がかかる場合があるので、信用状の要求書類に査証が含まれているような場合は、信用状の買取期限に注意を払う必要があります。

✪ 領事査証が求められる国

領事査証は、世界的な貿易自由化の流れのなかで徐々に廃止されていく傾向にありますが、中近東の一部の国では現在も輸入通関時の提出が義務付けられています。

領事査証の例

ثيمة الفاتورة :
Invoice Value : **50,000.00**

（インボイス全額）

Embassy of the
United Arab Emirates
TOKYO
Consular Section

سفارة دولة
الإمارات العربية المتحدة
طوكيو
الشعبة القنصلية

No. : **0011XX**　　　　　 : الرقم

Date طوكيو **14, FEB, 20XX** 　 التاريخ:

نصادق على صحة توقيع وختم غرفة تجارة وصناعة
We certify Stamp & Sign. of Chamber of Commerce & Industry
دون تحمل السفارة أية مسؤولية تجاه المحتويات
This Embassy not responsible for the contents of the documents
CONSUL 　　　　　　　　　　　القنصل

Saeed Ali Al-Nowais
Ambassador

Seen by
The Tokyo
Chamber of Commerce & Industry

（商工会議所署名）

FEB. 15, 20XX

（商工会議所のインボイス証明。インボイスの表面に記載されるのが一般的）

CHAPTER 3

第 **3** 章

法規制と取引の交渉・契約にかかわる書類

1 法規制による貿易管理とは 法規制

貿易取引は輸出入国の国内法や国際条約にもとづき管理されています。

☆貿易取引の法規制

　貿易取引を行う輸出者と輸入者は、それぞれの国で施行されている国内法や、国が批准している国際条約を守らなければなりません。貿易取引でもコンプライアンス（法令遵守）は極めて重要で、知らなかったではすまされないのです。

　輸出入者は、法規制を受ける商品の輸出入を行う場合、その規制を管轄している関係省庁から事前に輸出入許可や承認を取得しなければなりません。

☆貿易を規制する国内法

　日本の貿易は、「外為法（外国為替及び外国貿易法）」を基本法とし、関税関連法とその他の法令が補強する法体系で規制されています。規制の詳細は、貨物は外為法下の政令である「輸出貿易管理令」と「輸入貿易管理令」に、技術は「外国為替令」に規定されているので、規制を受ける貨物や技術を輸出入しようとする場合は、事前に経済産業大臣の許可、承認、割当を受けなければなりません。

　その他の法令により規制を受ける貨物の場合、その法律を管轄する省庁から事前に許認可を受けておく必要があります。例えば、「文化財保護法」は文化庁、「食品衛生法」は厚生労働省が管轄です。

☆貿易を規制する国際条約

　貿易にかかわる代表的な国際条約には、次の条約があります。

①ワシントン条約……絶滅の危機に瀕する動植物の保護

②バーゼル条約……有害廃棄物の貿易規制

③モントリオール議定書……オゾン層破壊物質の貿易規制

④ワッセナーアレンジメント……武器や大量破壊兵器転用物の規制

日本の貿易管理の法体制

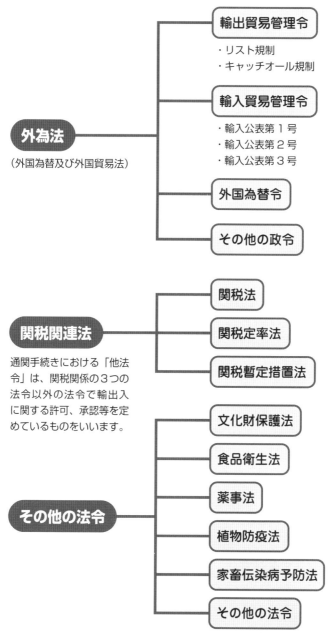

✪ 輸出許可・承認証

外為法の輸出貿易管理令の規制を受ける貨物を輸出する場合および外国為替令の規制を受ける技術を提供する場合は、経済産業大臣の「輸出許可・承認証」（E/L: Export License）を取得する必要があります。

申請書には、「買主名」「荷受人」「仕向地」「商品名」「価額」などの主要項目を記入します。申請書を補完するため、輸出者は「申請理由書」や、使用目的や経由地などの詳細を記載した「申請内容明細書」を添付します。

✪ 輸出貿易管理令による貨物の輸出規制

輸出貿易管理令は、貨物の輸出の許可、承認などにかかわる事項を規定しており、規制品目は「別表1」に記載されています。

別表1には、武器やロケット推進装置など具体的な品目名がリストアップされている「リスト規制」（別表1の1項〜15項）と、品目を限定せずに大量破壊兵器や通常兵器に使用されるおそれのあるすべての貨物を対象とする「キャッチオール規制」が規定されています。

✪ 外国為替令による技術提供の規制

外国為替令は、外国において技術を提供する行為や、国内において非居住者に技術を提供する行為に対して、許可あるいは承認を必要とする技術（プログラムの概念も含む）を規定しています。規制される技術は、貨物と同様に別表の第1項から第15項にリスト規制技術が記載され、第16項にキャッチオール規制が規定されています。

輸出許可申請書の例

別表第一

| 根拠法規 | 輸出貿易管理規則第1条第1項第1号 |
| 主務官庁 | 経　済　産　業　省 |

輸 出 許 可 申 請 書

経済産業大臣殿

| ※許　可　番　号 | |
| ※有　効　期　限 | |

申　請　者　Japan Export Co., Ltd.

記名押印　代表取締役社長　黒岩章　　（輸出者）
又は署名

住　所　東京都中央区日本橋 1-XX

申請年月日　20XX. 6. 22

電話番号　03-3262-80XX

次の輸出の許可を外国為替及び外国貿易法第48条第1項の規定により申請します。

取引の明細

(1) 買　主　名　XYZ Corporation　　　（輸入者）　住　所　○○○　×××, Taipei, Taiwan

(2) 荷　受　人　XYZ Corporation　　　　　　　　　住　所　○○○　×××, Taipei, Taiwan

(3) 需　要　者（貨物を費消し、又は加工する者）　住　所

(4) 仕　向　地　Taiwan　　　　　　　　　　　　　経　由　地　Direct

(5) 商品内容明細

商　品　名	型及び等級	輸出貿易管理令 別表第1 貨物番号	単　位	数　量	価　　額	
					単　価	総　　額
△△△ System （商品名）	Model A （商品を 特定する 型番など）	6 (2) （輸出令別表1 の該当する項番 および中欄の 括弧の番号）	Set	2	@ ¥6,000,000	CIF Taipei ¥12,000,000
				計　2 Sets	計	計

（ただし、数量及び総額が＿＿＿＿％増加することがある。）

※許可又は不許可

この輸出許可申請は、{ 外国為替及び外国貿易法第48条第1項 / 外国為替及び外国貿易法第67条第1項 / 輸出貿易管理令第8条第2項 } の規定により

許可	する。
許可	しない。
次の条件を付して	許可する。

条件

経済産業大臣の記名押印

日　　付＿＿＿＿＿＿．＿＿

資　　格＿＿＿＿＿＿＿＿

記名押印＿＿＿＿＿＿＿＿

出所：経済産業省のHPをもとに作成

55

✪輸入承認証

外為法の輸入貿易管理令の規制を受ける商品を輸入する場合は、経済産業大臣の「輸入承認証」（I/L: Import License）を事前に取得する必要があります。ただし、「輸入割当品目」を取得する場合は、先に割当申請を行い、割当承認を得た後に輸入承認を申請します。

申請書には、「商品名」「関税率表番号」「原産地」「船積地域（港）」「数量」「価格」などの主要項目を記入します。

✪輸入貿易管理令による輸入規制

輸入承認や割当が必要な品目は、輸入公表として公示されています。

①**輸入公表第1号**……輸入割当品目（IQ品目: Import Quota）

事前に数量や金額による割当を受けたものだけが輸入申請できる品目で、「IQ品目」または「非自由化品目」と呼ばれます。国内産業の保護（にしん、たらなどの近海魚）や国際条約（モントリオール議定書）の規制品目が含まれています。

②**輸入公表第2号**……輸入承認品目

特定の原産地または船積地域を対象とする「2号承認」の品目（中国、北朝鮮、台湾のさけ、ます、調製品など）と、原産地や船積地域にかかわらず承認を要する「2の2号承認」の品目（武器や廃棄物など）が規定されています。

③**輸入公表第3号**……事前確認及び通関時確認品目

所管大臣の事前確認を必要とする「事前確認品目（文化財など）」と、輸入通関時に税関に所定の書類を提出する「通関時確認品目（けしの実など）」が規定されています。

＊食品衛生法などその他の法令にかかわる輸入規制品は、関係省庁から事前に承認書や確認書などを取得します。

輸入承認申請書の例

		根拠法規	輸入貿易管理規則
		主務官庁	経済産業省

別表第一
T 2010

輸入（承認・割当）申請書

申請者名 **Japan Import Co., Ltd.** 　（輸入者）　　記名押印 ○○　○○
　　　　　　　　　　　　　　　　　　　　　　　　又は署名

住　所 **東京都○○区○○　△－□－×**　　　　資　格 **代表取締役社長**　　　**印**

電話番号 **03－○○○○－○○○○**　　　　申請年月日 **平成○○年○月○日**

次の ⎡ △輸入の承認を輸入貿易管理令第4条第1項 ⎤ の規定に基づき申請します。
　　 ⎣ △輸入割当てを輸入貿易管理令第9条第1項 ⎦

I　申請の明細

1 関税率表の 番号等	2 商品名	3 型及び銘柄	4 原産地	5 船積地域 (船積港)	数量及び単位 （金額）
0106.00	**トラ** **Tiger** **(Panthera tigris)**	**C**	**U.S.A.**	**U.S.A.**	**2 heads** 総額(US$)
備　考					

II　輸入割当て

※割当数量及び単位（割当額）	※証明書番号＿＿＿＿＿＿＿＿＿＿＿＿＿ ※期間満了日＿＿＿＿＿＿＿＿＿＿＿＿＿

※経済産業大臣の条件の付与又は特別の有効期間の設定

　上記「I 申請の明細」欄中　| 1 | 2 | | | |　の記載事項は、経済産業大臣の承認を受けなければ変更することができない。

III　輸入の承認

輸入割当証明書の日付及び番号

※承　認　番　号＿＿＿＿＿＿＿＿＿＿＿＿＿　　※延長後有効期間満了日＿＿＿＿＿＿＿＿＿＿＿

※有効期間満了日＿＿＿＿＿＿＿＿＿＿＿＿＿

※上記Iの輸入は、輸入貿易管理令第4条第1項の規定に基づき

承認する。
承認しない。
次の条件を付して承認する。

※条　件

経済産業大臣の記名押印（輸入割当て）　　　　　経済産業大臣又は税関長の記名押印（輸入の承認）

日　付＿＿＿＿＿＿＿＿＿＿＿＿＿＿＿＿　　　日　付＿＿＿＿＿＿＿＿＿＿＿＿＿＿＿＿

資　格＿＿＿＿＿＿＿＿＿＿＿＿＿＿＿＿　　　資　格＿＿＿＿＿＿＿＿＿＿＿＿＿＿＿＿

記名押印＿＿＿＿＿＿＿＿＿＿＿＿＿＿＿　　　記名押印＿＿＿＿＿＿＿＿＿＿＿＿＿＿＿

4 信用調査報告書とは 取引交渉と契約

取引先の信用調査をまとめたものが信用調査報告書です。

✪取引先の信用調査の方法

　取引先の信用調査は、取引先への訪問面談、取引銀行への照会、業界内での情報収集、専門調査機関への調査依頼などさまざまな方法を織り交ぜて行います。

　なかでも、専門調査機関による調査は、客観的な情報や評価を迅速に取得できるので、費用はかかりますが、広く利用されています。

✪信用調査報告書

　信用調査報告書は、各調査機関がそれぞれの特色を出した書式で作成しています。

　信用調査報告書には、次のように多くの項目について調査機関による独自の評価が記載されます。

　また、それぞれの項目ごとの評価や総合評価は、次ページの報告書の例のように点数やランク付けで表わされたりしています。

①**基本情報**……会社の沿革、規模、主要株主など
②**営業情報**……業界での位置や業歴など
③**財務情報**……手元資金や借入状況など
④**経営情報**……安定性、成長性、経営者の資質など

✪信用調査機関

　信用調査機関は、世界各国にあります。

　ダンレポートの名で知られる米国のDun & Bradstreet社や、日本では帝国データバンク社や東京商工リサーチ社などが広く知られています。

58

信用調査報告書の例

		ABC 信用調査		ABC REPORT	
商　　　　号		Japan Export CO., LTD.	代　表　者		黒岩　章
所　在　地		東京都中央区日本橋 1-X-X	電 話 番 号		03-3262-80XX
			Ｆ　Ａ　Ｘ		03-3234-80XX
資　本　金		100,000 千円			
主　要　株　主		JE 鉄鋼販売、麹町商事			
従　業　員　数		100 人			
設　　　立		昭和 51 年 4 月			
系　列・沿　革		昭和 51 年 4 月、JE 鉄鋼販売（株）の輸出販売子会社として設立………			
事　業　内　容		鉄鋼製品および関連商品の輸出販売			
主　要　仕　入　先 取　引　先		JE 鉄鋼販売、J スチール、かんき商事			
取　引　銀　行		日本橋銀行			
取　引　状　況		長期借入金 1,000,000 千円　短期借入金 0　固定預金 0　割引手形 0			

業　績　推　移	決　算　期	平成19年3月	平成20年3月	平成21年3月	（単位）　　千円
	売　上　高	1,800,000	1,600,000	2,500,000	
	営　業　利　益	150,000	80,000	220,000	
	経　常　利　益	100,000	40,000	180,000	
	当期純利益	60,000	20,000	108,000	

評　　　価	規　模（15）	業　歴（15）	資　金（15）	安定性（15）	成長性（15）
	10	10	8	12	10
	経営者能力（15）	総　合　評　価（10）	合　計（100）	評価ランク	合　計　点
	12	7	69	A　優　良	80〜100
				B　良　好	60〜 79
				C　　可	45〜 59
所　　　見	JE 鉄鋼販売の子会社として経営基盤は安定しており、………堅実な経営が行われている。			D　要注意	30〜 44
				E　警　戒	29 以下

規　　　模	年間売上高や従業員数など企業の規模
業　　　歴	事業運営の経過
資　　　金	手元資金、借入状況、売掛金回収状況
安　定　性	業歴、自己資本、支払状況
成　長　性	事業の成長性、売上げや利益の成長性
経　　　営　者	経営姿勢、事業経験、資産状況

オファーは取引条件を相手に確約するもので、商品特性に応じて作成します。

☆オファー

　オファーは、契約交渉の当事者が「この条件で商品を売るまたは買う」ことを相手に確約することで、「ファームオファー」（Firm Offer）とも呼ばれます。

　オファーの書式や記載項目は、商品の特性に合わせて自由に作成されます。一般的な項目は、次のとおりです。

①**オファーの有効期限**……出したオファーは有効期限内は撤回することができず、また有効期限を過ぎたオファーは無効となります。

②**契約の当事者**……売り手（Seller）と買い手（Buyer）

③**商品情報**……商品名・数量・重量・個数・荷姿などが誤解が生じないように商品に適した表現で明記されます。

④**価格情報**……インコタームズの取引条件をもとに単価や総額が記載されます。

⑤**輸送情報**……輸送方法・船積時期・船積港・仕向港など

⑥**決済・保険情報**……代金決済の方法・保険条件など

☆カウンターオファーと契約成立

　受け取ったオファーを無条件で承諾すれば契約は成立しますが、価格の値引きや納期などの条件変更を望む場合は、この条件なら承諾する旨の「カウンターオファー」を返します。

　カウンターオファーは元のオファーをいったん拒絶して、新規のオファーを行ったとみなされます。

　交渉はカウンターオファーをたがいに繰り返し行い、どちらかが相手のカウンターオファーを無条件に「承諾」（Acceptance）すれば、契約は成立します。

オファーシートの例

Japan Export Co., Ltd. 1-XX Nihonbashi, Chuo-ku Tokyo, 103-00XX, Japan		**JE**	
OFFER SHEET			
MESSERS :	**U.S.Trading Corporation** **180 East Ocean Blvd.** **LONG BEACH, CA 90802, U.S.A.** （輸入者名と住所）	DATE	**March 4, 20XX**
		OUR REF. NO.	**JE001XX**

We are pleased to offer you as follows.

OFFER VALIDITY	**Noon March 11, 20XX TOKYO TIME**（オファーの有効期限）
SELLER	**Japan Export Co., Ltd., Japan**（売手　契約の当事者）
BUYER	**U.S.Trading Corporation, U.S.A.**（買手　契約の当事者）
COMMODITY	**STAINLESS STEEL PIPE（AAA-TYPE AND BBB-TYPE）**
QUANTITY	**AAA-TYPE 50M/T（100PIECES）**（オファーする重量・数量） **BBB-TYPE 150M/T（200PIECES）**
UNIT PRICE	**AAA-TYPE CIF LONG BEACH US$1,200.00/MT**（オファー価格と **BBB-TYPE CIF LONG BEACH US$1,400.00/MT** 取引条件）
TOTAL AMOUNT	**US$270,000.00**（オファー合計金額）
PACKING	**IN WOODEN BOX**（梱包）
WAY OF TRANSPORTATION	**BY SEA**（輸送方法）
TIME OF SHIPMENT	**JUNE 20XX IN ONE SHIPMENT**（船積時期）
PORT OF LOADING	**JAPANESE PORT**（船積港）
PORT OF UNLOADING	**LONG BEACH, CA U.S.A.**（仕向港）
PAYMENT	**BY IRREVOCABLE CREDIT**（代金決済方法）
MARINE INSURANCE	**ICC（A）& WAR SRCC FOR 110% INVOICE VALUE**（保険条件）
REMARKS	（その他、必要に応じて諸条件を記載します）

Japan Export Co., Ltd.

GENERAL MANAGER
EXPORT DEPT.
（売手署名）

契約書は売買交渉の合意結果をまとめた書類です。

☆ 契約書

　契約書は、売り手と買い手が売買交渉の合意結果を確認する書類で、交渉段階で合意した事項（商品、数量、重量、個数、荷姿、価格、輸送方法、船積時期、保険条件、代金決済など）に加えて、不可抗力条項や準拠法などの一般的な取引条件を記載して作成されます。契約書は、通常は２通正本を作成し、両者が署名した後に双方で１部ずつ保管します。

☆ 契約書の書式

　契約書の書式（Form）は、契約条項をすべて文章で記載して作成する方法（→右ページ）と、あらかじめ自社の取引条件を裏面に印刷した「売約書（Sales Note）」（→P64）または「注文書（Purchase Order）」などの定型フォームを使用する方法があります。

　どの書式を使うかは、その取引に適した方法を売り手と買い手の間で協議して取り決めます。一般的には、大きなプロジェクトや継続的な取引の基本契約では文章形式の契約書が使用され、単発的な取引では定型フォームが使用されています。

　定型フォームを使用する場合、おたがいに自社のフォーム使用を主張して、議論が交わされることがあります。これを「書式の戦い」（Battle of Form）と呼んでいます。

☆ ウィーン売買条約（CISG）

　貿易取引での売り手と買い手の権利義務や損害賠償などの一般的な契約条件については、「国連国際物品売買条約＊」（CISG：通称ウィーン売買条約1988年発効）が結ばれています。日本はこの条約の71カ国目の締約国として2008年に加入しました。

＊正式名称は「国際物品売買契約に関する国連条約」
CISG：United Nations Convention on Contracts for the International Sale of Goods

売買基本契約書の例

BASIC SALE AND PURCHASE AGREEMENT
（売買基本契約書）

THIS AGREEMENT made and entered into this 1st day of May 20XX by and between Japan Export Co., Ltd., a corporation duly organized and existing under the laws of Japan, with its principal office at 1-XX, Nihonbashi, Chuo-ku, Tokyo, Japan（hereinafter called the ˮSELLERˮ）, and U.S. Trading Corporation, a corporation duly organized and existing under the laws of U.S.A. with its principal office at 180 East Ocean Blvd. Long Beach, CA 90802, U.S.A.（hereinafter called the ˮBUYERˮ）.（契約当事者、売手と買手の確認）

ARTICLE 1. SALE AND PURCHASE （売買契約であることの確認）
During the term of this AGREEMENT, the SELLER agrees to sell and deliver the Products to the BUYER and the BUYER agrees to purchase, take delivery of and pay for the Products on the terms and conditions and at the price hereinafter set forth.

ARTICLE 2. QUANTITY; SPECIFICATIONS （商品や数量の確認）
The quantity of the Products to be sold and delivered hereunder and the applicable specifications shall be mutually agreed upon by both parties at the time of each sale and purchase transaction hereunder.

ARTICLE 3.	PRICE	（価格）
ARTICLE 4.	PAYMENT TERMS	（決済条件）
ARTICLE 5.	SHIPMENTS	（船積時期）
ARTICLE 6.	ORDERS; INDIVIDUAL CONTRACTS	（個別注文書に関わる事項）
ARTICLE 7.	INSPECTION	（検査に関わる事項）
ARTICLE 8.	WARRANTY	（保証に関わる事項）
ARTICLE 9.	INTELLECTUAL PROPERTY RIGHTS	（知的財産権）
ARTICLE 10.	LIMITATION OF LIABILITY	（賠償責任の範囲）
ARTICLE 11.	CONTRACT PERIOO	（契約期間）
ARTICLE 12.	TERMINATION	（契約の終了）
ARTICLE 13.	FORCE MAJEURE	（不可抗力条項）
ARTICLE 14.	GOVERNING LAW	（準拠法に関わる規定）
ARTICLE 15.	ARBITRATION	（仲裁に関わる規定）
ARTICLE 16.	GENERAL PROVISIONS	（一般条項）
ARTICLE 17.	DESCRIPTION OF PRODUCTS	添付（商品の詳細）

IN WITNESS WHEREOF, the parties hereto have caused this AGREEMENT to be executed by their respective, duly authorized representatives on the day and year first above written.（売手と買手双方が契約を確認し、署名する文言）

U.S.Trading Corporation

R.Dillon
_____

PRESIDENT
（買手の署名）

Japan Export Co., Ltd.

_H.mT_
_____

GENERAL MANAGER
EXPORT DEPT.
（売手の署名）

売約書（Sales Note）の例（表面）

Japan Export Co., Ltd. 1-XX Nihonbashi, Chuo-ku Tokyo, 103-00XX, Japan	**JE**

SALES NOTE

MESSERS :	**U.S.Trading Corporation** **180 East Ocean Blvd.** **Long Beach, CA 90802, U.S.A.** （買手＝輸入者名と住所）	DATE	**March 11, 20XX** （契約日）
		CONTRACT NO.	**AA12345** （契約番号）

We hereby confirm having sold to you the following goods in accordance
with all the provisions hereof.
（販売の確認）

REFERENCE	**Our offer No. JE001XX**	（売手の照合番号）
SELLER	**Japan Export Co., Ltd., Japan**	（売手　契約の当事者）
BUYER	**U.S.Trading Corporation, U.S.A.**	（買手　契約の当事者）
COMMODITY	**STAINLESS STEEL PIPE** **(AAA-TYPE AND BBB-TYPE)**	（商品名、規格など）
QUANTITY	**AAA-TYPE 50 M/T （100 PIECES）** **BBB-TYPE 150 M/T （200 PIECES）**	（販売単位となる数量・重量）
UNIT PRICE	**AAA-TYPE CIF LONG BEACH US$1,000.00/MT** **BBB-TYPE CIF LONG BEACH US$1,200.00/MT**	（契約単価）
TOTAL AMOUNT	**US$230,000.00**	（契約合計金額）
PACKING	**IN WOODEN BOX**	（梱包）
WAY OF TRANSPORTATION	**BY SEA**	（輸送方法）
TIME OF SHIPMENT	**JUNE 20XX IN ONE SHIPMENT**	（船積時期）
PORT OF LOADING	**JAPANESE PORT**	（船積港）
PORT OF UNLOADING	**LONG BEACH, CA U.S.A.**	（仕向港）
PAYMENT	**BY IRREVOCABLE CREDIT**	（代金決済方法）
MARINE INSURANCE	**ICC （A） & WAR SRCC FOR 110% INVOICE VALUE**	（保険条件）
SPECIAL PROVISIONS		

ACCEPTED AND CONFIRMED BY
U.S.Trading Corporation

R.Dillon
_____

PRESIDENT
（買い手が確認後署名）

Japan Export Co., Ltd.

H.Ymt
_____

GENERAL MANAGER
EXPORT DEPT.
（売り手の署名）

売約書（Sales Note）の例（裏面）

JE

GENERAL PROVISIONS

These general provisions shall apply, except to the extent that any contrary provisions are set forth on the face hereof:

1. Quantity: The quantity set forth on the face hereof is subject to a variation of plus or minus ten percent (10%), at Seller's option.
2. Shipment: The delivery of the goods to a carrier in accordance with this Contract and issuance by such carrier to Seller of a bill of lading shall be complete shipment to Buyer of the goods covered thereby, and the date of the bill of lading shall be proof of the date of such shipment. Seller's responsibility with respect to such goods shall terminate upon such shipment. Ten (10) days' grace shall be allowed for shipment earlier or later than the date agreed upon by both parties hereto. Partial shipment and/or transhipment shall be permitted. In the event of the goods being shipped in more than one lot, each lot shall be deemed to be a separate sale or contract. If this Contract omits any particulars relating to the manner of shipment or if Buyer is to give Seller instructions relating to the manner of shipment but Seller has not received such instructions within a reasonable time prior to the shipment, such particulars or the manner of shipment shall be arranged by Seller.
3. Payment: Buyer shall pay the full contract price and shall not be entitled to offset against the contract price in any manner. If payment is required to be made by means of letter of credit, such letter of credit shall be an irrevocable and confirmed letter of credit without recourse, in favor of and satisfactory to Seller. The letter of credit shall strictly comply with the terms and conditions of this Contract, shall cover the full contract amount, shall be established through a prime bank immediately after the date of this Contract, shall be negotiable on sight draft and shall be valid for negotiation of the relative draft for at least fifteen (15) days after the last day of the month of shipment. The letter of credit shall authorize partial avail against partial delivery. If a letter of credit is dishonored, Buyer shall make payment directly to Seller. If Seller has reason to suspect that the letter of credit will be dishonored and Buyer does not provide a means of payment satisfactory to Seller immediately upon Seller's request or if Buyer fails to satisfy any payment terms of this Contract or any other contract with Seller, Seller at Buyer's expense and risk may re-sell all or any part of the goods on account of Buyer, may hold all or any part of the goods on account of Buyer, may cancel all or any part of this Contract and any other contract with Buyer and/or may claim any damages resulting from such breach. Any bank charges arising in connection with payment hereunder shall be borne by Buyer. In the event of late payment of any amount due hereunder, Seller shall, in addition to any other remedy, be entitled to interest at the maximum rate allowed by law in the country of Buyer. Seller shall retains, for security purposes, full title to all goods covered hereby until Seller has received the full contract amount hereof.
4. Insurance: Only in the event of a CIF or a CIP contract, insurance shall be effected by Seller. Such insurance shall be Free from Particular Average (F.P.A), shall be effected at one hundred and ten percent (110%) of the invoice amount and shall not include any War Risk. Any insurance not set forth herein shall be arranged by Seller at the specific request and on the account of Buyer.
5. Increased Costs: If Seller's costs of performance are increased after the date of this Contract by reason of any increased or additional taxes or other governmental charges, or by reason of any increased or additional freight rates (including any freight surcharge), insurance rates (including War Risk) or cost of the goods to Seller caused by an increase in the materials or energy expenses of the manufacturers or suppliers of the goods which could not be foreseen at the date of this Contract, or if any change in exchange rate (including any change resulting from any currency devaluation or revaluation) increases Seller's costs or reduces Seller's return, Buyer agrees to compensate Seller for such increased cost or loss of income immediately upon Seller's request. If Buyer fails to do so, Seller may cancel all or any part of this Contract. However, all import duties shall be paid by Buyer, regardless of any change in the amount of any such duties.
6. Claim: Seller shall entertain no claim before the relative payment is fully made. However, any claim shall be transmitted to Seller by facsimile or cable within fourteen (14) days after the arrival of the goods at the port of destination, except that claims relating to latent defects shall be transmitted to Seller by the same means as soon as such defects are discovered. Each claim shall be confirmed by letter which, accompanied by a proof certified by a qualified surveyor, shall be dispatched to Seller by airmail within fifteen (15) days after facsimiling or cabling. Any claim not meeting these requirements shall be deemed to have been waived by Buyer, and in no case will Seller entertain any claim made more than thirty (30) days after the date of the arrival of the goods at the port of destination. No claims shall be allowed on the goods which have been processed in any manner whatsoever. In no event shall Seller be liable for prospective profits, special, indirect or consequential damages and Seller's liability shall be strictly limited to the price of the goods covered by this Contract for whatever reason. In the event of any claim, Seller may, at its sole discretion, replace the goods which are the subject of the claim within ninety(90) days after the receipt by Seller of the above-mentioned claim letter to be dispatched by Buyer by airmail. Replacement as aforesaid shall be accepted by Buyer as a sole remedy by Seller and Seller shall have no further liability in connection with the claim.
7. Force Majeure: In the event of any act of God, government order, rule or restriction, fire, war or armed conflict or the serious threat of the same, strike or labour dispute, unavailability of transportation, severe economic dislocation (including but not limited to the inability of Seller or the manufacturers, suppliers or carriers of the goods to obtain an adequate supply of oil, gas, electricity or materials with which to maintain its/their normal level of operation), or the bankruptcy or insolvency of manufacturers or suppliers or carriers of the goods seriously affecting the activities of Seller, manufacturers or suppliers directly or indirectly, or any other cause beyond the reasonable control of Seller or of the manufacturers or suppliers or carriers of the goods, Seller shall not be liable for any delay in shipment or for nondelivery of all or any part of the goods or any other failure to perform any of its obligations hereunder and Buyer shall accept the delayed shipment within a reasonable time or accept the cancellation of all or any part of this Contract.
8. Arbitration: Any dispute arising out of or relating to this Contract, its interpretation or breach, shall be settled by arbitration in Tokyo, Japan in accordance with the rules then obtaining of the Japan Commercial Arbitration Association. The award shall be final and binding upon both parties hereto.
9. Patents: Buyer shall defend, indemnify and hold Seller harmless from and against any and all expenses, loss or damages arising out of any claim made or threatened for infringement of any patent, utility model, trademark, copyright, design or other title right of any third party resulting from the exportation, possession, use or resale of the goods or any part thereof in any country.
10. Warranty: SELLER DISCLAIMS ALL WARRANTIES, EXPRESS OR IMPLIED, INCLUDING, WITHOUT LIMITATION, ANY IMPLIED WARRANTIES OF MERCHANTABILITY AND FITNESS FOR A PARTICULAR PURPOSE IN RESPECT OF THE GOODS.
11. Product Liability: Buyer warrants to and in favor of Seller that the goods will be used fully complying with all safety and operating procedures set out in the operation or service manuals, if any, all instructions of Seller and all applicable laws and regulations regarding the safe handling and operation of the goods. Seller shall not be liable for any cost, expense, loss, damage or liability arising out of or in relation to any claim made or threatened to be made by any third party based on any death, bodily injury or property damage occurring or suspected to occur directly or indirectly out of the goods (collectively the "Liabilities"), including without limitation, a claim based on the product liability under the applicable laws in the country where Buyer locates and markets the goods. Buyer shall procure and maintain a policy of insurance, at its sole cost, from a reputable insurance company acceptable to Seller which shall insure Seller as co-insured party, covering the Liabilities. A copy of such policy of insurance shall be sent to Seller immediately.
12. Liability of Agent: If this Contract is signed by an agent acting on behalf of a principal as Buyer hereunder, whether the principal is disclosed or otherwise, the agent shall be liable not only as agent but also for the performance of the obligations of Buyer as principal under this Contract. This provision shall not affect the Buyer's obligations as principal under this Contract.
13. Breach, Bankruptcy etc.: (i)In the event Buyer fails to carry out any of the terms of this or any other contract with Seller, including but not limited to payment for any shipment hereunder or thereunder, or (ii)in the event that bankruptcy, insolvency or reorganization proceedings or other proceedings analogous in nature or effect are instituted by or against Buyer, or (iii)in the event that Buyer is dissolved or liquidated, whether voluntarily or involuntarily, or (iv)in the event that a receiver or trustee is appointed for all or substantial part of the assets of Buyer, or (v)Buyer makes an assignment for the benefit of the creditors, then Seller may cancel this or any other contract with Buyer without prejudice to any right of Seller existing under this or any other contract at the time of such cancellation, or Seller may resell the goods or hold the goods for Buyer's account and risk, or Seller may postpone the shipment of the goods or stop the goods in transit, provided, however, that Seller's election of any of the latter remedies shall not preclude Seller's later right to cancel this or any other contract with Buyer as provided above. In any such event of default, Buyer shall reimburse Seller for any loss or additional costs incurred as a result thereof.
14. Waiver: The failure of Seller at any time to require full performance by Buyer shall not affect the right of Seller to enforce the same. The waiver by Seller of any breach of any provision hereof shall not be construed as a waiver of any proceeding breach of any provision or waiver of the provision itself.
15. Assignment: This Contract, and any right or obligation under this Contract shall not be transferable or otherwise assignable by Buyer without the prior written consent of Seller.
16. Construction: The meaning of any term used herein and the obligations of both parties hereunder shall, to the extent that they may be applicable, be determined in accordance with the Uniform Customs and Practice for Documentary Credit and the Incoterms adopted by the International Chamber of Commerce and in effect on the date of this Contract. This Contract shall be governed by the laws of Japan.
17. Governmental Regulations: Seller's obligations hereunder shall be subject to applicable Japanese governmental export and all other regulations.

CHAPTER 4

輸送にかかわる
貿易書類

海上輸送には定期船サービスと不定期船サービスがあります。

☆ 海上輸送

貿易貨物の大半は、船で輸送されています。海上輸送を船会社のサービス形態で分類すると、「定期船サービス」(Liner) と「不定期船サービス」(Tramper) に大別できます。

どちらの輸送サービスを利用するかは、「商品の形状」「船積数量」「船積港」「荷揚港」「最終仕向地」「輸送日数」「運賃」などを検討して、その取引に適したサービスを選びます。

☆ 定期船サービス

定期船サービスには、コンテナ貨物を専用に輸送するコンテナ船が主に使用されていて、一部の航路で在来型貨物船が配船されています。コンテナ船は、安定した配船スケジュールと内陸地までコンテナを輸送できることから、家電製品などの製品輸送に適しています。

定期船の航路は、世界中に網の目のようにはり巡らされています。日本を起点とした航路でも、欧州、北米、カリブ・中南米、中国、東南アジア、中近東、アフリカ、豪州と世界全域にわたっています。

☆ 不定期船サービス

不定期船サービスには、在来型貨物船、バルクキャリアー（バラ積貨物船）、その他の専用船（鉱石専用船や木材専用船など）と、多種多様な船が使用されています。

不定期船サービスは、大量の貨物を必要に応じたスケジュールで配船できるので、鉄鉱石や石炭、飼料穀物といった原料類などバラ貨物の輸送に適しています。

主要な航路としては、米国から日本向けの飼料穀物輸送や、ブラジルから欧州や極東向けの鉄鉱石輸送などがあります。

定期船と不定期船のサービス

	定期船サービス （ライナーサービス）	不定期船サービス （トランパーサービス）
船の種類	コンテナ船が中心 一部で在来型貨物船	在来型貨物船、バルクキャリアー、 鉄鉱石などの専用船、タンカー
スケジュール	一定で公表されている	公表されていない
航路や寄港地	一定で公表されている	都度交渉する
荷主	多数	1社（または少数）
主な貨物	電気製品、繊維製品、機械 など製品類	穀物、石炭、鉄鉱石、原油 など原料類
運賃	タリフレート（表定運賃率）が設 定されている	都度交渉する
運賃条件	荷役費用は運賃に含まれる （Liner Term）	荷役費用負担は都度交渉する （FIO、FI、FO、Berth Term）
輸送手配の方法	船会社にブッキング	船会社と直接交渉または 用船ブローカー経由で交渉
輸送契約	船荷証券とその裏面約款	用船契約書 （Charter Party）

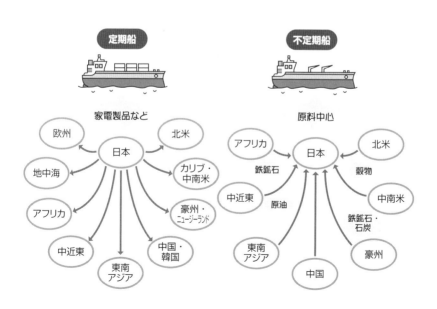

定期船サービスは一定の航路とスケジュールのもと運航しています。

✪ 定期船サービス

　定期船サービスで主に利用されるのはコンテナ船です。コンテナは、国際標準化機構で策定されたISO規格で標準化されており、船と貨車、トレーラーなどと複数の輸送モードに接続して、コンテナ単位で積み替えられるため、コンテナ内の貨物を途中で詰め替えずに、迅速でダメージリスクも少なく輸送できます。

　コンテナ船は航行速度も速く、コンテナターミナル（→P72）では昼夜を問わず専用の荷役設備で効率よく積み下ろしが行われるので、配船スケジュールは列車並みの正確さで管理されています。主要航路では毎週何曜日出発といったサービスも提供されています。

　輸出者から受け取ったコンテナは、コンテナヤード（CY→P72）で仕向港別に整理・保管されてから本船に積み込まれます。

✪ コンテナの種類

　一般的な貨物を積み込むコンテナは、ドライコンテナ（Dry Container）と呼ばれる鋼鉄製の直方体の箱で、幅と高さは約2.5m、長さは20フィート（約6m）と40フィート（約12m）の2種類あります。

　コンテナは、20トン以上の貨物を積載できる強度がありますが、実際にはコンテナを牽引して走る道路や橋の重量制限の関係から、貨物は17～18トン程度におさえられていることが多いようです。

　運賃は小さいほうの20フィートコンテナが割安ですが、輸出者は積載可能重量と運賃を検討してどちらかのコンテナを選びます。

　ドライコンテナでの輸送に適さない、重量物や冷凍食品、液体貨物などの場合は、オープントップコンテナやフラットラックコンテナ、タンクコンテナなどの特殊コンテナを使用します。

定期船の配船スケジュールの例

ABC LINE

U.S. West Coast	KOBE	YOKOHAMA	OAKLAND	LOS ANGELES
M/V"ABC ACE"	JUNE 21 - 22	JUNE 24 - 25	JULY 6 - 7	JULY 9 - 10
M/V"ABC STAR"	JUNE 28 - 29	JULY 1 - 2	JULY 14 - 15	JULY 17 - 18

U.S. East Coast	KOBE	YOKOHAMA	NEW YORK	BOSTON
M/V"ABC KING"	JUNE 25 - 26	JUNE 28 - 29	JULY 30 - 31	AUG. 1 - 2
M/V"ABC QUEEN"	JULY 3 - 4	JULY 6 - 7	AUG. 8 - 9	AUG. 10 - 11

Europe	YOKOHAMA	NAGOYA	ROTTERDAM	ANTWERP
M/V"ABC SONATA"	JUNE 26 - 27	JUNE 28 - 29	JULY 30 - 31	AUG. 1 - 2
M/V"ABC FUGA"	JULY 3 - 4	JULY 5 - 6	AUG. 7 - 8	AUG. 9 - 10

 標準的なコンテナのサイズ

コンテナの種類		20フィート ドライコンテナ	40フィート ドライコンテナ
内寸	奥行	5,899mm	12,033mm
	幅	2,352mm	2,352mm
	高さ	2,386mm	2,386mm
扉開口部	幅	2,340mm	2,340mm
	高さ	2,272mm	2,272mm
自重		2,220kg	3,740kg
内容積		33.1m³	67.5m³
最大積荷重量		21,780kg	26,740kg

コンテナターミナルはコンテナ船（定期船）が利用する港湾施設です。

✪ コンテナ船とコンテナターミナル

　コンテナ船はコンテナを専用に輸送する目的で設計された船で、船倉内と甲板上でブロック状にコンテナが積載されます。

　コンテナ船の大きさは20フィートコンテナの積載可能本数である「TEU」（Twenty-foot Equivalent Unit）で表されています。アジアから欧州向けなどの主要航路では20,000TEU型のコンテナ船が就航しています。

　コンテナターミナルとは、コンテナ船からの輸入コンテナの荷揚げや輸出コンテナの船積み、コンテナを一時保管するための港湾施設のことです。コンテナターミナルには、コンテナ荷役専門のガントリークレーンやストラドルキャリアーなどの機器が配置されています。コンテナターミナル内にはコンテナヤードがあり、付近にはコンテナフレートステーションと呼ばれる小口貨物の混載施設があります。

✪ コンテナヤード

　コンテナヤード（CY: Container Yard）とは、船積み前の輸出コンテナ、荷揚げ後の輸入コンテナを一時保管するコンテナターミナル内にある保税施設のことです。コンテナヤード（CY）では、空コンテナの保管やコンテナのメンテナンスも行われます。

✪ コンテナフレートステーション

　コンテナフレートステーション（CFS: Container Freight Station）とは、荷主（輸出者）から受け取った小口貨物を船会社が混載するための保税施設のことで、輸出貨物のコンテナ詰めを行ったり、輸入コンテナから貨物を取り出す作業が行われます。通常はコンテナターミナルの近くにあります。

コンテナターミナルの平面図とコンテナ船の例

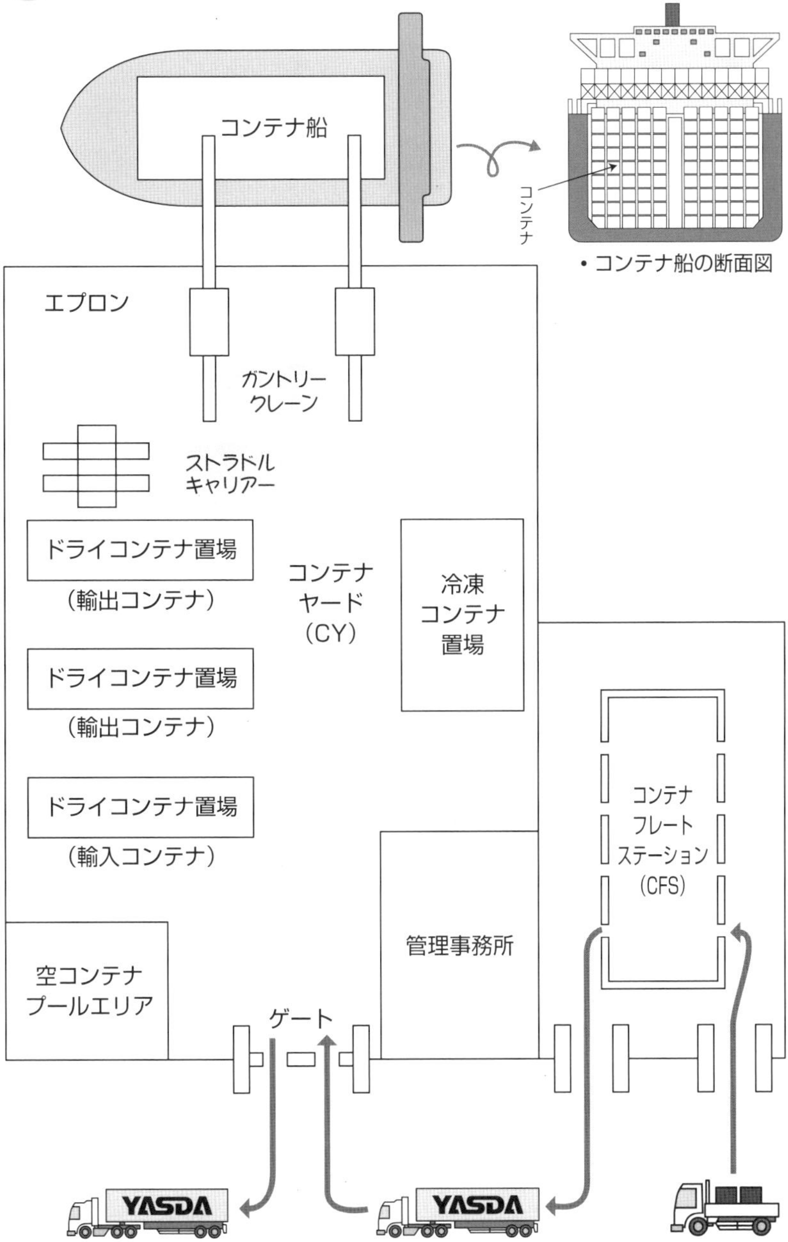

コンテナ船

コンテナ

・コンテナ船の断面図

エプロン

ガントリー
クレーン

ストラドル
キャリアー

ドライコンテナ置場
（輸出コンテナ）

コンテナ
ヤード
（CY）

冷凍
コンテナ
置場

ドライコンテナ置場
（輸出コンテナ）

ドライコンテナ置場
（輸入コンテナ）

コンテナ
フレート
ステーション
（CFS）

管理事務所

空コンテナ
プールエリア

ゲート

YASDA

YASDA

定期船の運賃は船会社が設定している運賃率が適用されます。

☆ 定期船の運賃のしくみ

定期船の運賃は、航路別に各船会社が運賃率（タリフレート）を設定しています。運賃は、「基本運賃」（Base Rate）と「割増運賃」（Surcharge）の合計で算出されます。基本運賃は、船の基本的な運航費用から算出された一定期間固定の料率で、割増運賃は貨物の形状やさまざまな変動要素により追加で設定される料率です。割増運賃には、「重量貨物割増」「燃料割増」「船混割増」などがあります。

また、基本運賃の計算基準となる建値には、「重量建て」（Weight）、「容積建て」（Measurement）、「従価建て」（Ad Valorem）の他、コンテナ1本当たりいくらと決める「ボックスレート」（Box Rate）があります。重量や容積建ての場合は、算定基準がメートル法によるか他の基準によるかなどを確認する必要があります。

☆ 運賃の先払いと後払い

運賃の支払い方法は、船積みの完了と同時に支払う「先払い」と、荷揚港に到着してから貨物を受け取るときに支払う「後払い」があります。先払いの場合は、輸出者が運賃を支払い、船荷証券上に「Freight Prepaid」と表示されます（→P93）。後払いの場合は、船荷証券上に「Freight Collect」と表示され、輸入者が運賃を支払って船荷証券を船会社に差し入れた後に、貨物が引き渡されます。

☆ サービスコントラクト

船会社は、大口顧客への優遇措置として、一定期間の船積量を保証した輸出者に、基準運賃よりも割安な運賃を提供することがあります。この契約を「サービスコントラクト」（Service Contract）と呼んでいます。

運賃の種類

基本運賃 (Base Rate)	品目別運賃 (Commodity Rate)	商品の特性に応じて、品目別に設定された料率
	品目無差別運賃 (FAK：Freight All Kinds)	品目にかかわりなく設定された料率で、ボックスレートとともにFCL貨物に適用される
割増運賃 (Surcharge)	重量割増 (Heavy Lift Surcharge)	一定の重さを超えた貨物に適用される割増料金
	長尺物割増 (Lengthy Surcharge)	一定の長さを超えた貨物に適用される割増料金
	燃料油割増　BAF (Bunker Adjustment Factor)	燃料油の高騰によるコスト急増を補てんする割増料金
	通貨変動割増　CAF (Currency Adjustment Factor)	為替レートの急変によるコスト急増を補てんする割増料金
	船混み割増 (Congestion Surcharge)	荷揚港の船混みによるコスト増を補てんする割増料金
	その他、不測の事態が発生した場合に適宜割増料金が設定される	

 ## 運賃の建て値

重量建て	トン	1MT（Metric Ton）を単位とし、梱包後の貨物総重量（Gross Weight）に適用される
容積建て	立方メートル	$1m^3$（Cubic Meter）を単位とし、梱包後の容積に適用される
重量または容積建て	Freight Ton	重量建てか容積建てどちらかの運賃総額の大きいほうが適用され、W/M（Weight or Measurement）と表示される場合もある
従価建て	価格	商品価格に応じて適用される運賃率で、宝石や美術品などの高価な商品に適用される
ボックスレート	コンテナ	コンテナ1本当たりいくらと設定する運賃率で、FCL貨物に適用される

コンテナ船のスペースを予約することをブッキングといいます。

✪ ブッキングの手順

　船会社にコンテナ船のスペースを予約することを「ブッキング」（Booking）と呼びます。輸出者は、電話やEメールなどでブッキングをして、船会社からブッキング確認書を受け取ります。

✪ ブッキングの要点

　ブッキングを行う際の留意点は、次のとおりです。

①貨物明細の正確な伝達

　FCL貨物（→P78）かLCL貨物（→P78）にかかわらず、商品の明細や重量などの貨物明細を船会社に正確に伝えます。

②使用するコンテナの確認

　FCL貨物の場合は、借り受けるコンテナの種類と本数を確認します。LCL貨物の場合は、コンテナの種類は船会社の判断で行われます。

③正確な本船情報の把握

　本船名、航海番号、船積港の到着予定日（ETA＊）と出港予定日（ETD＊）、仕向港（ETA）などを間違いなく確認します。

④貨物やコンテナの受渡条件の確認

　FCL貨物かLCL貨物の区別、搬入するCYやCFS、CYやCFSのカット日（搬入締切日時）、コンテナを引き渡す仕向港側のCYやCFS、もしあれば最終仕向地などを船会社に確認します。

⑤運賃率と支払い条件の確認

　運賃料率と先払いか後払いか、また割増運賃が適用されるかどうかを確認します。サービスコントラクトなどの優遇料率の適用を受ける場合は、ブッキング時点で確認します。

＊ETA：Estimated Time of Arrival
＊ETD：Estimated Time of Departure

ブッキング確認書の例

ABC CONTAINER LINE CO., LTD.
4-XX, Kojimachi Chiyoda-ku, Tokyo, Japan 102-00XX

BOOKING CONFIRMATION

BOOKING NUMBER	**ABC0001**（ブッキング確認番号）	DATE	**June 10**（ブッキング日）
TO（BOOKING PARTY）	**Japan Export Co., Ltd.**（ブッキング依頼者）	TEL	**03-5204-XXXX**
		FAX	**03-5204-YYYY**
SHIPPER	**Japan Export Co., Ltd.**（荷主）	TEL	**03-5204-XXXX**
		FAX	**03-5204-YYYY**
FORWARDER	**Yasuda Soko**（海貨・通関業者）		
VESSEL	**ABC SONATA**（本船名）	VOYAGE #	**111**（航海番号）
PLACE OF RECEIPT	**YOKOHAMA CY**（船会社が貨物を受取る場所）		
PORT OF LOADING	**YOKOHAMA**（船積港）	ETA DATE	**June 26**（到着予定日）
CUT OFF DATE/TIME	**June 25 / 16:30**（CYやCFSへの貨物搬入締切日時）		
PORT OF DISCHARGE	**ROTTERDAM**（仕向港）	ETA DATE	**July 30**（到着予定日）
FINAL DESTINATION	**ROTTERDAM**（最終仕向地：参考情報として必要に応じて記載）		
SERVICE TYPE	**CY-CY**（CY-CY やCFS-CFS などデリバリー方法の区別）		
CONTAINER TYPE	**20 Feet Dry**（コンテナの種類）		
NUMBER OF CONTAINER	**1**（コンテナの本数、FCL貨物の場合のみ）		
COMMODITY	**Grinding Machine with Accessories**（船積貨物の名称）		
PACKING	**In Wooden Box**（梱包状況）		
QUANTITY	**3 Units**（貨物の数量、重量、容積など）		
FREIGHT	**US$4,000.00 per Container**（運賃）		
FREIGHT PAYMENT	**Freight Prepaid**（運賃支払い条件　PREPAID COLLECTの区別）		
EMPTY PICK UP LOCATION	**YOKOHAMA HONMOKU …**（FCL貨物、空コンテナピックアップ場所）		
FULL RETURN LOCATION	**YOKOHAMA HONMOKU …**（FCL貨物、コンテナを搬入するCY）		
CFS LOCATION	（貨物を搬入するCFS名と住所。LCL貨物の場合に記載）		
REMARKS	（その他、サービスコントラクト番号など適用事項があれば記載）		

ABC CONTAINER LINE CO., LTD.　EXPORT BOOKING DEPT
REIKO KOMA（船会社担当者、連絡先など）
TEL　**03-3282-XXXX**
FAX　**03-3282-XXXX**　　E-MAIL　**kkkk-@xxxx.co.jp**

⭐ コンテナ貨物の積み込み

　船積港で、荷主である輸出者が貨物を船会社に引き渡す方法には、輸出者が貨物のコンテナ詰めを行って貨物入りのコンテナを船会社に引き渡すFCL（Full Container Load）貨物で渡す方法と、輸出者から引き渡された貨物を船会社がコンテナ詰めを行うLCL（Less than Container Load）貨物を渡す方法の2種類があります。

　貨物をコンテナに詰める作業はバンニング（Vanning）、取り出す作業はデバンニング（Devanning）と呼ばれます。

⭐ FCL貨物の積み込み（CY-CYの場合）

　FCL貨物の場合、輸出者は空コンテナを船会社から借り受けて、輸出者の施設や委託先の海貨・通関業者の倉庫に回送し、バンニングを行ったうえで、コンテナヤード（CY）に搬入します。この方式はシッパーズパック（Shipper's Pack）と呼ばれます。

　FCL貨物の輸送は、荷主である輸出者がコンテナを借り切り、仕向港側では受荷主である輸入者がCYでコンテナ貨物を引き取り、自社倉庫などでデバンニングを行うのが一般的です。

⭐ LCL貨物の輸送積み込み（CFS-CFS）

　LCL貨物の場合、輸出者は船会社が指定するコンテナフレートステーション（CFS）に貨物を搬入して引き渡します。船会社は同じ仕向港向けの他の荷主の貨物と混載してバンニングを行った後、船会社の費用でCYに搬入します。この方式はキャリアーズパック（Carrier's Pack）と呼ばれます。

　仕向港では、船会社がコンテナをCYからCFSに回送してデバンニングを行うので、受荷主である輸入者はCFSで貨物を引き取ります。

コンテナ貨物の引渡方法

	FCL 貨物	LCL 貨物
英文名称	Full Container Load	Less than Container Load
貨物	大口貨物	小口貨物
コンテナの使用	コンテナを借り切る	1　コンテナに混載
荷主 (Shipper) と 受荷主 (Consignee)	1 荷主、1 受荷主	複数の荷主と受荷主
コンテナ受取と 引渡場所	CY - CY、CY - CFS CFS - CY、CFS - CFS	CFS - CFS
バンニング（注）	CY - CY、CY - CFS の場合 　荷主が行う　Shipper's Pack CFS - CY、CFS - CFS の場合 　船会社が行う　Carrier's Pack	船会社が行う Carrier's Pack
バンニング場所	荷主の施設や海貨・通関業者の 倉庫	CFS

注：保険求償において、「不適切な梱包」は免責事項（→P199）であり、バンニング作業は梱包と同様に
解釈されるので、Shipper's Pack では適切な積み付けが、保険求償の前提条件となります。

FCL 貨物（CY-CY の場合）

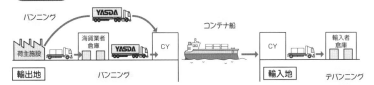

LCL 貨物（CFS-CFS）

7 FCL 貨物の船積手配 定期船の輸出

輸出者が行うFCL貨物の船積手配は次のとおりです。

✪ FCL貨物の船積手配の基本的な流れ（CY-CYの場合）

①輸出者は定期船スケジュール専門誌や船会社のHPなどで船を選び、必要な本数のコンテナをブッキングします。

②輸出者は、船積依頼書（S/I→P146）とインボイス、パッキングリスト、輸出許認可書類などの輸出通関に必要な書類を送り、輸出手続き代行を海貨・通関業者に委託します。

③海貨・通関業者はCYから空コンテナを借り受け、CYオペレーターから機器受渡書（EIR OUT→P88）を受け取ります。

④輸出者は、空コンテナを自社の施設に回送するか、貨物を海貨・通関業者の倉庫や上屋に搬入し、検査機関による貨物の検数や検量を受けます。

⑤海貨・通関業者は、税関に輸出申告をします。海貨業者の保税施設でバンニングをする場合は、輸出許可取得→バンニング→CYまでの保税輸送の順で手続きを進めます。輸出者の施設でバンニングをする場合は、税関に輸出申告→バンニング→CY搬入→税関検査（必要な場合）→輸出許可の順で手続きを進めます。

⑥海貨・通関業者は、B/Lインストラクション（B/I）とコンテナパッキングリスト（for CLP）（→P84、90）（注）を作成し、輸出許可通知書と機器受渡書（EIR IN→P88）をCYオペレーターに提出し、コンテナをCYに搬入します。

⑦海貨・通関業者は、コンテナと引き換えにCYオペレーターからドックレシート（D/R→P90）（注）を受け取ります。船会社の運送責任は、CYでコンテナを受け取った時点から始まります。

⑧海貨・通関業者は、船荷証券の記載事項や運賃等を確認の上、船会社から船荷証券を受け取り、輸出者に送付します。

FCL貨物の輸出（CY-CYの場合）

書類の流れ

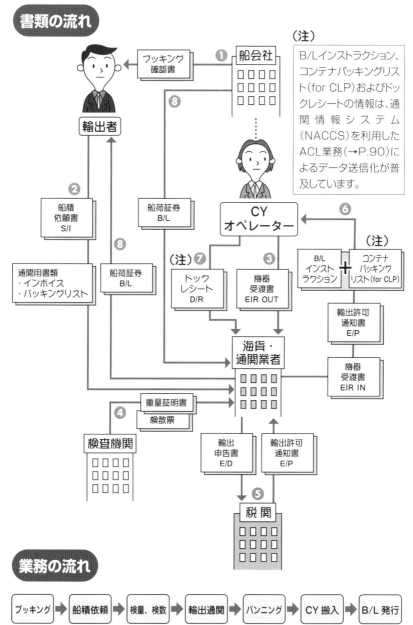

（注）

B/Lインストラクション、コンテナパッキングリスト(for CLP)およびドックレシートの情報は、通関情報システム（NACCS）を利用したACL業務(→P.90)によるデータ送信化が普及しています。

業務の流れ

ブッキング ➡ 船積依頼 ➡ 検量、検数 ➡ 輸出通関 ➡ バンニング ➡ CY搬入 ➡ B/L発行

輸出者が行うLCL貨物の船積手配は次のとおりです。

☆ LCL貨物の船積手配の基本的な流れ（CFS-CFS）

①輸出者は、定期船スケジュールを掲載した専門誌や船会社のHPで船を選び、商品名、数量、重量、容積、積揚港などの詳細を船会社に伝えて、必要なスペースを予約（ブッキング）します。それを受けて船会社は、貨物を搬入するCFSを輸出者に指定します。

②輸出者は、船積依頼書（S/I→P146）とインボイス、パッキングリスト、輸出許認可書類などの輸出通関に必要な書類を送り、輸出手続きの代行を海貨・通関業者に委託します。

③輸出者は、貨物を船会社から指定されたCFSに搬入します。搬入時に、検査機関による検数と検量が行われます。

④CFSオペレーターは、ドックレシート（D/R→P90）（注）を海貨・通関業者に発行します。船会社の運送責任は、CFSで貨物を受け取った時点から始まります。

⑤海貨・通関業者は税関に輸出申告をして、輸出許可証をCFSオペレーターに提出します。

⑥CFSオペレーターは、輸出許可取得済みの複数の輸出者の貨物を混載してバンニングを行い、コンテナをCYに搬入します。CYオペレーターには、B/Lインストラクション、コンテナパッキングリストおよび各輸出者から受け取った輸出許可通知書を提出します。コンテナのCY搬出・搬入時には、機器受渡書（EIR OUT/IN→P88）をCYオペレーターから受け取ります。

⑦海貨・通関業者は、船荷証券の記載事項や運賃等を確認の上、船会社から船荷証券を受け取り、輸出者に送付します。CFSでの作業料であるCFSチャージは、輸出者が船会社に支払います。

LCL貨物の輸出（CFS-CFS）

書類の流れ

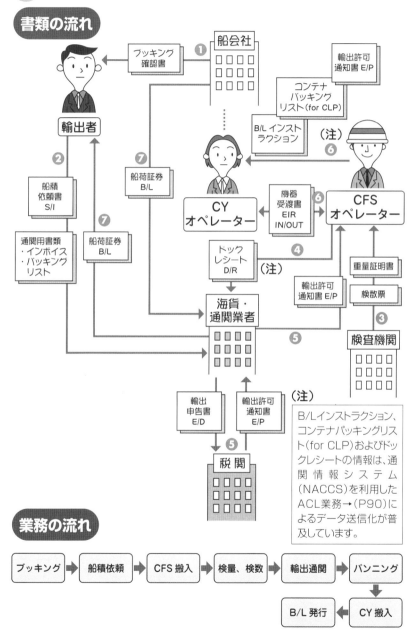

（注）B/Lインストラクション、コンテナパッキングリスト(for CLP)およびドックレシートの情報は、通関情報システム（NACCS）を利用したACL業務→(P90)によるデータ送信化が普及しています。

業務の流れ

ブッキング → 船積依頼 → CFS搬入 → 検量、検数 → 輸出通関 → バンニング → CY搬入 → B/L発行

コンテナパッキングリスト（for CLP）はコンテナに積付けた商品の明細を記載した書類です。

✪コンテナパッキングリスト（for CLP）

　コンテナパッキングリスト（for CLP）とは、コンテナに積み込まれた商品の名称、数量、個数、積載状況などの商品情報と、コンテナ番号やシール番号など、そのコンテナに関する情報が記載された書類で、コンテナごとに作成されます。

①**商品情報**……商品の名称、数量、個数、積載状況など

②**コンテナに関する情報**……コンテナ番号やシール番号など

　コンテナパッキングリスト（for CLP）は、B/Lインストラクション（→P90）のSupplement Sheetとして作成されています。現在は、通関情報システム（NACCS）を利用したACL業務（→P90）によるデータ送信処理が行われています。データ入力は海貨・通関業者が行います。

✪コンテナ番号

　海上輸送に用いられるすべてのコンテナには、「ABCU1234567」のような固有の番号が付けられ、扉面に表示されています。この番号は最初のアルファベット4文字で船会社、続く数字の番号でコンテナが特定されるしくみになっています。

　船会社はコンテナ番号をもとに、本船への積み付けやコンテナの現在地確認などの管理を行います。

✪コンテナシール

　バンニングの終了後は、コンテナのドアにシール（施封）が施されます。コンテナシールは、税関による貨物検査が実施されるとき以外は、輸入国でデバンニングを行うときまで開封されることはありません。コンテナ番号とシール番号は、船荷証券に記載されます。

コンテナパッキングリスト（for CLP）の例

Supplemental sheet

Container Packing List (for CLP)

VESSEL	ABC SONATA (本船名)	**VOY NO.**	111 (航海番号)
BKG NO.	ABC0001 (ブッキング番号)		

CONTAINER NO.	SEAL NO.	SIZE	TYPE	NO. OF PACKAGES		CARGO WT	TARE WT	GROSS WT (PER CTNR)	M3 (PER CTNR)	TEMP / DANGEROUS
				NUMBER	PKG TYPE					
ABCU1234567	AB98765XXX	20	DRY	3	CASE	13,000 KGS	150 KGS	13,150 KGS	21.5 M3	
(コンテナ番号)	(シール番号)	(コンテナのサイズ)	(コンテナの種類)	(梱包数)	(梱包の種類)	(貨物正味重量)	(梱包の重量)	(総重量)	(容積)	

TYPEは下記から選択願います。
DRY (DRY CTNR) / **REF** (REEFER CTNR) / **TNK** (TANK CTNR) / **OPT** (OPEN TOP CTNR) / **FLT** (FLAT RACK CTNR) / **HCD** (HIGH CUBE DRY) / **HCR** (HIGH CUBE REEFER)

輸出者は貨物の検数や検量を受け検数票と重量証明書を取得します。

✪ 貨物の検数と検量

　輸出貨物は、定期船か不定期船かにかかわらず、検量や検数を行います。これらの検査事業は、日本では港湾運送事業法にもとづく免許事業となっています。

　検数や検量は、契約条件や輸入通関手続きなどで必要な場合、輸入国側でも実施されます。

✪ 検数票

　検数は製品類を中心として、個数を確認できる貨物のみに行われます。コンテナ貨物輸出の場合は、検数は海貨・通関業者の倉庫（FCL貨物）やCFS（LCL貨物）などバンニングを行う場所で検数人（チェッカー）により実施され、結果は検数票（タリーシート：Tally Sheet）として発行されます。

　なお、在来型貨物船の場合は、船会社に貨物を引き渡す場所、つまり総積み（→P116）の場合は船会社指定の港湾地区の上屋で、直積み（→P116）の場合は本船で検数が行われます。

✪ 重量証明書と重量容積証明書

　輸出者は、重量や容積などの検量を受けて、第三者である検査機関から証明書を取得し、輸入者との決済や税関への申告に用います。

　船会社も海上運賃の算出根拠とするために、検量を検査機関に依頼します。重量の計測は「秤による方法」や、バルク貨物の場合は「船の喫水により計測する方法」など、商品の特性に合わせて実施され、計測結果は「重量証明書」（Certificate of Weight）や「重量容積証明書」（Certificate of Weight & Measurement）として発行されます。

重量証明書の例

HEAD OFFICE
X-X, 1-CHOME HATCHOBORI, CHUO-KU
TOKYO 104-0032, JAPAN
TEL : 81-3-3552-XXXX
FAX : 81-3-3552-XXXX
URL http://www.nkkk.jp/
BRANCHES
ALL PRINCIPAL PORTS IN JAPAN
OVERSEAS OFFICES
THAILAND, SINGAPORE, MALAYSIA,
PHILIPPINES, INDONESIA, CHINA,
NETHERLANDS, VIETNAM, HONG KONG
LABORATORIES
YOKOHAMA, OSAKA, SINGAPORE

NIPPON KAIJI KENTEI KYOKAI
LICENSED BY THE JAPANESE GOVERNMENT

NKKK
FOUNDED IN 1913

INTERNATIONAL INSPECTION & SURVEY
INSPECTIONS REQUIRED BY REGULATIONS F
DANGEROUS GOODS, SOLID BULK SUBSTANCES AN
NOXIOUS LIQUID SUBSTANCES
MARINE SURVEY AND CARGO INSPECTION
MARINE CONSULTANT
NON-MARINE ADJUSTING
PETRO-CHEMICAL SUPERINTENDING
LIQUEFIED GAS INSPECTION
CHEMICAL ANALYSIS
TANK CALIBRATION
SAMPLING AND TESTING
CARGO WEIGHING AND MEASURING

TOKYO DEC. 15, 20XX
No. 8YT9999

CERTIFICATE OF WEIGHT
（重量証明書）

Applicant　： JAPAN EXPORT CO., LTD. （証明依頼者）
Shipper　： JAPAN EXPORT CO., LTD. （輸出者）
Importer　： EURO TRADING CORPORATION （輸入者）

B/L No. :

Commodity & Invoice Quantity　： GRINDING MACHINE WITH ACCESSORIES （商品名）

Vessel　： ABC SONATA （本船名）　　　*Date of Arrival*　： E.T.A. YOKOHAMA JUNE 26, 20XX
Ports of Shipment and Discharge　：　FROM YOKOHAMA TO ROTTERDAM （船積港と到着予定日）
Date and place of Weighing　：　AT YOKOHAMA W/H （仕向港）
　　　　　　　　　　　　　ON JUNE 22, 20XX （検量実施場所と日付）

This is to certify that the weights of the goods were taken by our competent weighers as follows:-

MARKS

　　　　　　　No. OF PACKINGS : 3 WOODEN CASES

NO MARK
Euro Tradeing Corporation
Rotterdam
Grinding Machine with　　　TOTAL CARGO WIGHT : 13,150.000 KILOGRAMS
Accessories　　　　　　　　　　　　　　　　　　（重量）
C/NO. 1/3
MADE IN JAPAN
（荷印）

NIPPON KAIJI KENTEI KYOKAI
（署名）

WEIGHING METHOD :-
TRUCK SCALE
（検量方法）

K. KAIJI,　　GENERAL MANAGER

This survey/inspection has been conducted under the quality management system conforming to ISO9001/JISQ9001
Registered by Quality NK, which is accredited by JAB （The Japan Accreditation Board for Conformity Assessment）.

✪機器受渡書

　機器受渡書（EIR: Equipment Interchange Receipt）とは、船会社がコンテナを輸出入者に貸し出したり返却を受けるときの受渡証明書のことで、コンテナヤード（CY）のゲートを出入りするときにCYオペレーターが発行します。機器受渡書は、同じ書式で搬出（EIR OUT）と搬入（EIR IN）が使い分けられます。

✪コンテナ受け渡しの流れ

　FCL貨物の場合、輸出者から委託を受けた海貨・通関業者は、出荷準備が整うとバンニングを行うためにコンテナの貸し出しを船会社に申し込みます。船会社は、輸出者から受けたブッキング内容を確認して、コンテナ貸し出しの指示をCYオペレーターに出します。

　空コンテナは、CYのバンプール（空コンテナ保管所）に保管されているので、海貨・通関業者はCYで空コンテナを借り受けます。CYオペレーターはコンテナの詳細や状態を記録した機器受渡書（搬出・EIR OUT）を発行し、コンテナシール（→P84）を交付します。

　海貨・通関業者は、バンニングと通関手続きを行った後、本船に積み込むための締切日時（CYカットオフ）までに、コンテナをCYに搬入します。CYオペレーターは、コンテナ番号やシール番号、コンテナの状態を点検した後でCYへの搬入を受け入れ、コンテナ機器受渡書（搬入・EIR IN）を発行します。

　LCL貨物の場合、バンニングはCFSオペレーターが行うので、EIRはCFSオペレーター宛てに発行されます。

　輸入港側ではこの逆の流れで業務が行われ、中身の入ったコンテナをCYから搬出するときにEIR OUT、デバンニング後の空コンテナをCYに返却するときにEIR INが発行されます。

機器受渡書の例

ABC CONTAINER TERMINAL CO., LTD.
XXX, HONMOKU, YOKOHAMA, JAPAN

EQUIPMENT INTERCHANGE RECEIPT

IN/OUT	**IN** （搬入）	OPERATOR	**ABC CONTANER LINE** （船会社）	
CONTAINER NO.	**ABCU1234567** （コンテナ番号）		CONTAINER TYPE.	**DRY** （コンテナの種類）
SEAL NO.	**AB98765xxx** （シール番号）		CONTAINER SIZE.	**20 Feet** （コンテナのサイズ）
PLACE OF DELIVERY/RECEIPT	**TERMINAL A** （搬出入場所）		DATE & TIME OF DELIVERY/RECEIPT	**20XX/06/23　13:25** （搬出入日時）
CARRIER NAME	○○　**UNYU** （陸送業者名）		CONTAINER GROSS WEIGHT	**21.5　MT** （総重量）
TRUCKER ID	**AA12XX** （トレーラー運転手 ID）		LICENSE PLATE	**YOKOHAMA　XXXX** （プレート番号）
OCEAN VESSEL	**ABC SONATA** （本船名）		VOYAGE NO.	**111** （航海番号）
PORT OF LOADING	**YOKOHAMA** （船積港）		PORT OF DISCHARGE	**ROTTERDAM** （仕向港）
DESCRIPTION OF GOODS	**GRINDING MACHINE** **WITH ACCESSORIES**		BOOKING NO.	**ABC0001** （ブッキング確認番号）

X
S

INSIDE　（内面）

B　BENT （曲がり）　　　S　SCRAPE （すり傷）　　　☐　良好

H　HOLE （穴あき）　　　T　TORN （めくれ）　　　☐　はき掃除必要

D　DENT （へこみ）　　　BR　BROKEN （破損）　　　☐　水洗い必要

（コンテナの状態をチェックする項目）　　　☐　特殊洗浄必要

REMARKS	

DRIVERS SIGNATURE
（署名）

_____

連絡先
会社名　　○ ○　**運輸（株）**
TEL　　　**XXX-XXX-XXXX**

B/Lインストラクション(B/I)とは 定期船の輸出

B/LインストラクションはB/Lに記載する内容を連絡する書類です。

✪ B/Lインストラクション（B/I）

　B/Lインストラクション（B/I）とは、コンテナ輸送において、船荷証券に記載する内容を船会社に連絡する書類です。この機能は、かつてはドックレシート（D/R:Dock Receipt）が担っていましたが、業務効率化により統一フォームであるB/Lインストラクションに置き換わりました。

　さらに現在は、通関情報システム（NACCS）（→P144）の船積確認事項登録（ACL:Access Control List）を利用したB/Lインストラクション情報のデータ送信に移行しています。

　B/Lインストラクション情報の入力は海貨・通関業者が行い、船会社やNVOCCは受信したデータを自社のB/L作成システムに取り込むことにより、業務効率化が行われています。

✪ ドックレシート

　CYやCFSオペレーターが貨物を受取ったことと受取り時の貨物の状態を証する書類としてドックレシート（D/R: Dock Receipt）が海貨業者に発行されます。このドックレシートの貨物受取り確認の機能も、ACL業務を利用したペーパーレス化が普及しています。

✪ 船積確認事項登録（ACL: Access Control List）業務

　船積確認事項登録は、通関情報システム（NACCS）が提供する船積関係書類の内容をデータ共有する機能です。B/Lインストラクション、コンテナパッキングリスト、ドックレシート等の内容を電子情報として関係者が共有することにより、船会社やNVOCCが船荷証券を作成する際の業務効率の向上が図られています。

B/Lインストラクション（B/I）の例

 ABC CONTAINER LINE

B/L INSTRUCTIONS (Container Vessel Only)

SHIPPER Japan Export CO., LTD. 1-XX Nihonbashi. Chuo-ku Tokyo, 103-00XX, Japan （荷主）	BOOKING NO. **ABC0001**（ブッキング番号）　B/L NO. **ABCU1234567**（B/L番号） FORWARDING NAME **YASUDA LOGISTICS CORP.**　TEL（市外局番を必ず御記入ください）**03-3262-801X** NO. OF B/L INSTRUCTIONS **1 OF 1**　NO. OF ATTACH SHEET **1** FAX NO.(FAX サービス用) 1) **03-3262-802X**　2) WAYBILL ☐　RECEIVED B/L ☐　FREIGHT AS ARRANGED ☑ NEED AGENT NAME ☐

CONSIGNEE Euro Trading Corporation XXXX, Rotterdam, Netherland （受荷主）	

NOTIFY PARTY Euro Trading Corporation　（到着案内送付先） XXXX, Rotterdam, Netherland Tel XXXX0000　Fax XXX△△△△	ALSO NOTIFY PARTY

PRE-CARRIAGE BY	PLACE OF RECEIPT (SERVICE TYPE) **YOKOHAMA CY**（受取地）	
OCEAN VESSEL **ABC SONATA**（本船名）　VOY.NO. **111**（航海番号）	PORT OF LOADING **YOKOHAMA JAPAN**	
PORT OF DISCHARGE **ROTTERDAM, Netherland**（仕向港）	PLACE OF DELIVERY (SERVICE TYPE) **ROTTERDAM CY**（引渡地）	FINAL DESTINATION (for the Merchant's reference only)

PARTICULARS FURNISHED BY SHIPPER

MARKS & NUMBERS	NO. OF CONTAINERS OR PACKAGES	KIND OF PACKAGES	DESCRIPTION OF GOODS	GROSS WEIGHT	MEASUREMENT
Euro Trading Corporation Rotterdam Grinding Machine with Accessories C/NO. 1/3 MADE IN JAPAN （荷印）	1 CONTAINER 3CASES （コンテナ数 梱包数）		**Grinding Machine with Accessories** （貨物の名称）	13,150.000KGS （貨物総重量）	21.500 M3 （容積）

TOTAL NUMBER OF CONTAINERS OR PACKAGES (IN WORDS)	**SAY : ONE (1) CONTAINER ONLY**		
PREPAID AT **TOKYO, JAPAN**	PAYABLE AT	PLACE OF B(S)L ISSUE **TOKYO, JAPAN**	NUMBER OF ORIGINAL B(S)/L **THREE (3)**

CONTAINER NO.	SEAL NO.	SIZE	TYPE	NO. OF PACKAGE(S)		CARGO WT	TARE WT	GROSS WT (PER CTNR)	M3 (PER CTNR)	TEMP/DANGEROUS
				NUMBER	PKG TYPE					
ABCU1234567 （コンテナ番号）	AB98765XXX （シール番号）	**20** （コンテナのサイズ）	**DRY** （コンテナの種類）	**3** （梱包数）	**CASE** （梱包の種類）	(KGS) **13,000** （貨物正味重量）	(KGS) **150** （梱包の重量）	(KGS) **13,150** （総重量）	(M3) **21.5** （容積）	

JSA/JASTPRO統一フォーム

TYPEは下記から選択願います。
DRY(DRY CTNR) / **REF** (REEFER CTNR) / **TNK** (TANK CTNR) /**OPT**(OPEN TOP CTNR) /**FLT**(FLAT RACK CTNR)
HCD (HIGH CUBE DRY) / **HCR** (HIGH CUBE REEFER)

✪ コンテナ輸送の船荷証券の書式

　コンテナ輸送では、輸出者が船積地のCFSやCYで貨物や貨物入りコンテナを船会社に引き渡すので、船荷証券も船会社が貨物を受け取った時点で発行できるように、「Received」と印刷された受取式船荷証券（Received B/L→P40）の書式で発行されます。

①船積日を証明する文言

　L/C決済などで、船積式船荷証券（Shipped B/L→P40）を要求されている場合には、コンテナが本船に積み込まれてから、船積日を証明する文言「On Board Notation」の記載と署名がされた船荷証券の発行を受けます。「On Board Notation」の入った受取式船荷証券は、船積式船荷証券と同等に銀行で買い取られます。

②コンテナ船B/Lの記載事項

　コンテナ船B/Lには、船積港や仕向港に加えて、貨物やコンテナを船会社が受け取る地点（Place of Receipt）と仕向国側での引渡地点（Place of Delivery）が記載されており、この区間が船会社の輸送責任の範囲となります。

　受取地点は、FCL貨物の場合はCYまたは内陸の指定地点、LCL貨物の場合はCFSになります。引渡地点は、FCL貨物の場合は仕向国側のCY、LCL貨物の場合は仕向国側のCFSになります。

③不知文言

　FCL貨物の場合、船会社はコンテナの内容物や数量などが荷主の申告どおりかどうか知ることができません。このため船会社は、「コンテナの内容物は荷主の申告にもとづいて記載したものゆえ船会社はその正確性には責任を負えない」という主旨の免責文言を船荷証券に記載します。この文言は不知文言（Unknown Clause）と呼ばれます。

コンテナ船の船荷証券の例

 ABC CONTAINER LINE

| FIRST ORIGINAL |

BILL OF LADING

SHIPPER/EXPORTER

Japan Export CO., LTD.
1-XX Nihonbashi. Chuo-ku
Tokyo, 103-00XX, Japan
（荷主）

BOOKING NO. **ABC0001**（ブッキング番号）　ILL OF LADING NO. **ABCU1234567**（B/L 番号）
EXPORT REFERENCES (for the merchant's and/or carrier's reference only. See back clause 8(1)(b))
AA123XX（輸出者の参照となる契約番号など）

CONSIGNEE

Euro Trading Corporation
XXXX, Rotterdam, Netherland
（受荷主）

受取式
B/L

FORWARDING AGENT-REFERENCES
FMC NO.
Yasuda Logistics Corporation
（海貨・通関業者）

NOTIFY PARTY (It is agreed that no responsibility shall be attached to the Carrier or its Agents for failure to notify)

Euro Trading Corporation
XXXX, Rotterdam, Netherland
Tel　XXXX0000　　Fax　XXX△△△△
（到着案内送付先）

RECEIVED by the Carrier from the Shipper in apparent good order and condition unless otherwise indicated herein, the Goods, or package(s) said to contain the Goods, to be carried subject to all the terms and conditions herein.
Delivery of the Goods to the Carrier for Carriage hereunder constitutes the Merchant's acceptance of all the stipulations, exceptions, terms and conditions of this Bill as fully as if signed by him, any contrary local custom or privilege notwithstanding. This Bill supersedes all prior agreements or freight engagements for the Goods.
If required by the Carrier, this Bill (duly endorsed if it is negotiable) must be surrendered in exchange for the Goods or delivery order. Where issued as a Sea Waybill, this Bill is not negotiable or a document of title and delivery shall be made to the named consignee on production of such reasonable proof of identity as may be required by the Carrier.
In witness whereof, the undersigned, on behalf of the Carrier, has signed the number of Bills stated hereunder, all of this tenor and date. Where issued as a Bill of Lading, delivery may be made against only one original Bill in which case, the others shall stand void.

PRE-CARRIAGE BY

PLACE OF RECEIPT
YOKOHAMA CY（受取地）

OCEAN VESSEL, VOYAGE NO. FLAG
ABC SONATA（本船名）**111**（航海番号）

PORT OF LOADING
YOKOHAMA JAPAN（船積港）

FINAL DESTINATION (for the Merchant's reference only)

PORT OF DISCHARGE
ROTTERDAM, Netherland（仕向港）

PLACE OF DELIVERY
ROTTERDAM CY（引渡地）

TYPE OF MOVEMENT (IF MIXED, USE DESCRIPTION OF PACKAGES AND GOODS FIELD)
FCL / FCL（輸送タイプ）　　CY / CY

(CHECK "HM" COLUMN IF HAZARDOUS MATERIAL)　　PARTICULARS DECLARED BY SHIPPER BUT NOT ACKNOWLEDGED BY THE CARRIER（不知文言）

CNTR. NOS. W/SEAL NOS. MARKS & NUMBERS	QUANTITY (FOR CUSTOMS DECLARATION ONLY)	H M	DESCRIPTION OF GOODS	GROSS WEIGHT	GROSS MEASUREMENT
Euro Trading Corporation Rotterdam Grinding Machine with Accessories C/NO. 1/3 MADE IN JAPAN （荷印）	3CASES （梱包数）		Grinding Machine with Accessories （船積貨物の名称）	13,150.000KGS （貨物総重量）	21.500 M3 （容積）
ABCU1234567 （コンテナ番号） AB98765XXX （シール番号）			FREIGHT PREPAID AS ARRANGED （運賃支払表示）		

Declared Cargo Value US$ ＿＿＿＿＿. If Merchant enters a value, Carrier's limitation of liability shall not apply and the ad valorem rate will be charged.

FREIGHT & CHARGES PAYABLE AT / BY:
TOKYO, JAPAN（運賃支払地）

SERVICE CONTRACT NO.	DOC FORM NO.	COMMODITY CODE	EXCHANGE RATE

CODE	TARIFF ITEM	FREIGHTED AS	RATE	PREPAID	COLLECT

[3] ORIGINAL BILL(S) OF LADING HAVE BEEN SIGNED, WHERE DELIVERED AGAINST ONE, THE OTHER(S) TO BE VOID.

（貨物受取日）
（ON BOARD NOTATION）
（B/L 発行地）
（B/L 発行日）

DATE CARGO RECEIVED
JUNE 26. 20XX
DATE LADEN ON BOARD
JUNE 28. 20XX AK
PLACE OF BILL(S) ISSUE
YOKOHAMA, JAPAN
DATE)
JUNE 28, 20XX

The printed terms and conditions on this Bill are available at its website at www.nykline.com.

SIGNED
BY: **ABC CONTAINER LINE CO., LTD.**
, as agent for and on behalf of

（船会社署名）

海上運送状は貨物受取証と輸送契約書の機能をもつ非有価証券です。

✪ 海上運送状

　海上運送状（SWB: Sea Waybill）とは、船荷証券のもつ「貨物受取証」と「輸送契約書」の機能を保持しつつ、貨物引渡請求権を取り去った非有価証券のことです。

　近年、増大しつつあるグループ企業間の貿易取引では、輸入者は海外子会社なので、商品代金回収の心配はありません。

　このような貿易取引では、船荷証券に裏書きをして流通させる必要はなく、また仕向港で書類の呈示をしなくても貨物が引き渡される海上運送状の利用価値が高まります。

✪ 海上運送状の書式と記載事項

　海上運送状の書式は船荷証券と同じですが、「Sea Waybill」または「Waybill」と「Non Negotiable」（流通性がないという意味）の文言が記載されています。海上運送状の記載事項は、船荷証券と変わりませんが、受荷主（Consignee）欄は必ず記名式（→P40）で発行されます。仕向港側では輸入者は海上運送状を船会社に提出する必要がなく、海上運送状に記載された受荷主であることが確認されれば、貨物は引き渡されます。

✪ 船荷証券の危機

　船舶技術の発展によりコンテナ船の輸送日数は短縮され、東南アジア近隣諸国や北米向けの船積みでは、荷為替手形の一部として銀行経由で送付される船荷証券よりも貨物のほうが早く仕向港に到着する、いわゆる「船荷証券の危機」（B/L Crisis）と呼ばれる事態が発生しています（→P106）。この事態への対応策の1つとして、海上運送状の利用が考えられます。

海上運送状の例

Code name: "JSE-CTWAYBILL 2008"
(Published April 2008 by the Documentary Committee of the JSE)

Shipper (Shipper's Reference No.)	WAYBILL
Japan Export Co., Ltd. 1-XX Nihonbashi, Chuo-ku Tokyo, 103-00XX, Japan　（荷主）	**WAYBILL** **NON-NEGOTIABLE** （海上運送状、 非有価証券の表示）　Waybill No.　**12ABC00XXX** （海上運送状番号）

記名式

Consignee
Japan Export Hong Kong Limited
XXX-XX Queensway, Hong Kong
（受荷主）

RECEIVED by the Carrier the Goods stated below in apparent good order and condition unless otherwise noted, for transportation from the place of receipt to the place of delivery, subject to the terms and conditions provided for on the face and back hereof and the applicable Bill of Lading and there to be delivered to the Consignee named herein, or its authorized agents on production of proof of identity.

Notify Party
Japan Export Hong Kong Limited
XXX-XX Queensway, Hong Kong
Tel : 852-△△△△-XXXX Fax 852-△△△-XXXX
（到着案内送付先）

IN WITNESS whereof, the undersigned, has signed the number of Waybill(s) stated below, all of this tenor and date.

This Waybill is not construed as a Bill of Lading or any other similar document of title referred to in the International Carriage of Goods by Sea Act of Japan, 1957 as amended in 1992 or any other foreign legislation of a nature similar to the international Convention for the Unification of Certain Rules relating to Bills of Lading signed at Brussels on 25 August, 1924 or the amendments by the Protocol signed at Brussels on 23 February, 1968 or the amendments by the Protocol signed at Brussels on 21 December, 1979. (Terms of this Waybill continued on the back hereof)

Place of Receipt	Port of Loading **KOBE CY**（船積港）	
Ocean Vessel **ABC TRADE**（本船名）	Voy No. **001**（航海番号）	For delivery of the Goods please apply to:
Port of Discharge **HONG KONG**（仕向港）	Place of Delivery **HONG KONG CY**（引渡場所）	

Particulars Furnished by Shipper

Container No. （コンテナ番号）	Seal No. Marks and Numbers （シール番号）	No. of Containers or Pkgs （コンテナ数、梱包数）	Kind of Packages; Description of Goods （商品名）	Gross Weight （総重量）	Measurement （容積）
ABC 12XXX	**ABC 123XX** JAPAN EXPORT WELDING MATERIALS CASE NO. 1/18 MADE IN JAPAN （荷印）	**1 CONTAINER 18 CASES**	**WELDING MATERIALS** ***FREIGHT COLLECT** （運賃後払いの表示）	**19,800.00 KGS**	**11.250 M3**

Total number of Containers or other Packages or Units (in words) **ONE (1) CONTAINER ONLY**（コンテナ数または梱包数の文章表示）	
Merchant's Declared Value (See Clause 3):	Note: The Merchant's attention is called to the fact that according to Clause 3 of this Waybill the liability of the Carrier is, in most cases, limited in respect of loss of or damage to the Goods.

Freight and Charges	Revenue Tons	Rate	Per	Prepaid	Collect
					AS ARRANGED （運賃率。本サンプルのように記載しない場合もある）

Exchange Rate	Prepaid at	Payable at	Place and Date of issue **TOKYO, JAPAN JUNE 16, 20XX**
	Total prepaid in local currency	No. of original Waybill(s)	SIGNATURE as the Carrier
	LADEN ON BOARD THE OCEAN VESSEL Date **JUNE 15, 20XX**（船積日）　By		船会社　署名

✪ 船積案内の通知

輸出者は、船積みを完了すると、契約番号、本船名、船会社名、B/L番号、荷揚港到着予定などの船積明細を知らせる船積案内（S/A: Shipping Advice）をEメールやファックスで輸入者に連絡します。

✪ 輸入者の荷受準備

輸入者は、輸出者から船積案内を受けたら、貨物を引き取るために、輸入許認可、代金決済、輸入通関、保険などの準備をします。

①輸入許認可の取得

国際条約や輸入貿易管理令などの国内法により輸入規制を受ける商品の場合は、関係省庁から許可・承認証を事前に取得し、輸入通関時に税関に提出します。

②代金決済の準備

送金決済の場合は、支払期日に送金を実行し、荷為替手形決済の場合は、銀行から呈示される船積書類を点検して契約どおりの内容であることを確認してから、為替手形を決済します。

③通関の準備

輸出者や銀行経由で送付されてくる船積書類から、輸入通関に必要な書類を通関業者に渡し、輸入通関手続きの代行を依頼します。

④貨物海上保険の準備

輸入者側で貨物海上保険を付保する取引条件の場合は、船積み前に保険会社に予定保険を申し込んでおき、船積案内の後に船積書類を受け取った時点で確定保険へ切り替えます。

⑤貨物引き取りの準備

海貨業者や国内輸送業者にCYやCFSからコンテナや貨物を引き取る業務を委託し、自社倉庫で貨物の受入準備をします。

定期船の荷受準備

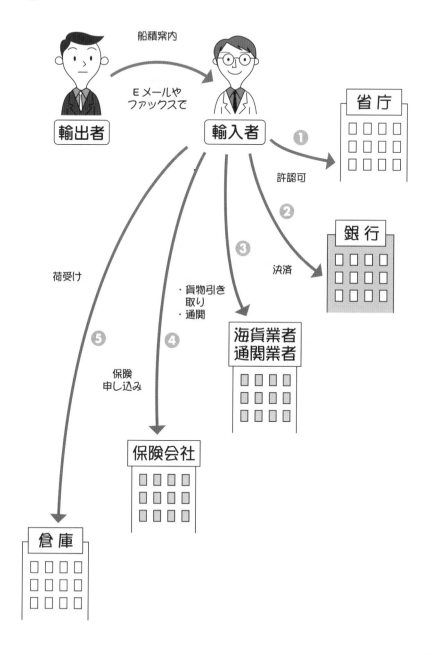

船積案内

Eメールや
ファックスで

輸出者

輸入者

省庁

❶

許認可

❷

銀　行

決済

❸

荷受け

・貨物引き
取り
・通関

❺

保険
申し込み

❹

海貨業者
通関業者

保険会社

倉　庫

16 FCL貨物の引取手配 定期船の輸入

輸入者が行うFCL貨物の引取手配は次のとおりです。

✿ FCL貨物の引取手配の基本的な流れ

①本船の仕向港到着が近づくと、船会社は船荷証券の到着案内送付先に到着案内を出し、輸入者に貨物の引き取り準備を促します。本船から下ろされたコンテナはコンテナヤードに保管されます。

②輸入者は入手した船積書類を海貨・通関業者に渡し、輸入通関から商品引き取りまでの輸入手続きの代行を依頼します。

③海貨・通関業者は、船荷証券を船会社に差し入れて、CYオペレーター宛ての荷渡指図書（D/O: Delivery Order→P102）を受け取ります。船荷証券の運賃表示が後払い（Freight Collect）の場合は、輸入者は事前に船会社に運賃を支払っておきます。

④海貨・通関業者は、輸入申告書（I/D）、インボイス、パッキングリスト、原産地証明書、船荷証券のコピーなど輸入通関に必要な書類を添付して、税関で輸入通関の手続きを行います。

⑤コンテナは、コンテナヤードで輸入申告の手続き（申請、検査、許可等）を行い、許可後に輸入者が指定する倉庫にコンテナのまま輸送（ドレー）して、デバンニングするのが一般的です。コンテナをコンテナヤードから海貨・通関業者等の保税倉庫に転送する場合は、保税運送（P.152）の許可取得→CYオペレーターへのD/Oの呈示→コンテナ引き取り→保税倉庫にコンテナ搬入→輸入通関、の手順で手続きを進めます。近年はペーパーレス化が進み、D/Oデータを送信する簡素化（D/Oレス）も普及しています。

⑥海貨・通関業者はデバンニング完了後、空になったコンテナをCYに返却します。CYからコンテナを搬出するときと、空コンテナを返却するときは、CYオペレーターより機器受渡書（EIR OUT/IN→P88）がそれぞれ発行されます。

FCL貨物の輸入

書類の流れ

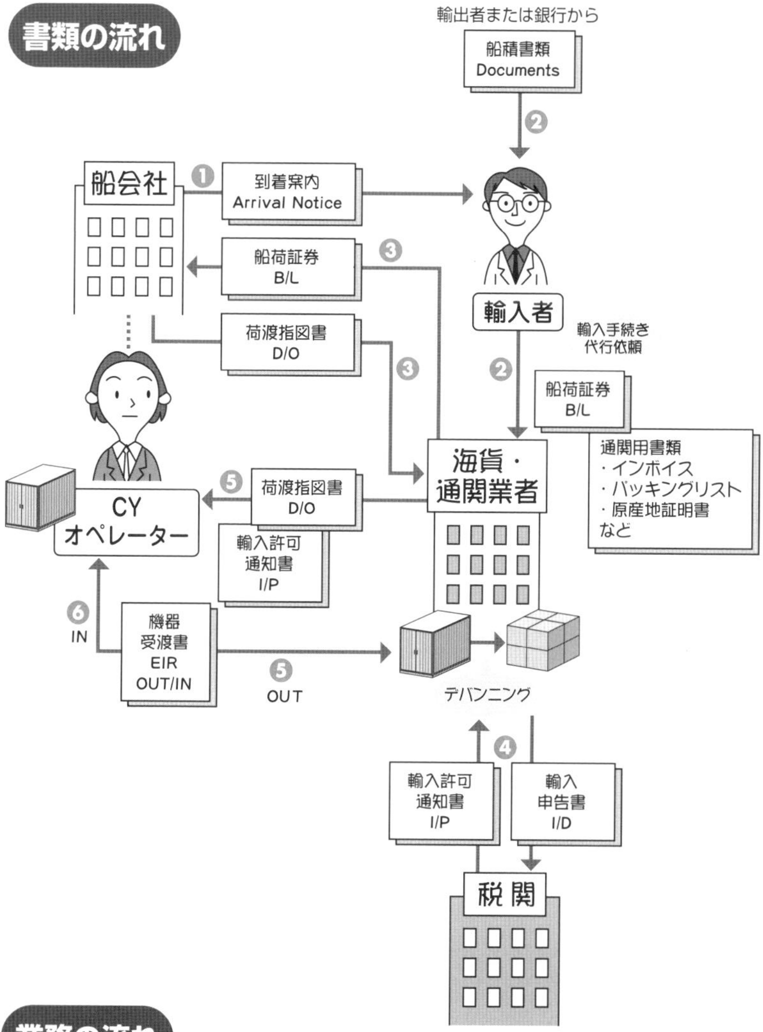

輸出者または銀行から

船積書類
Documents

❷

船会社

❶ 到着案内
Arrival Notice

船荷証券
B/L ❸

荷渡指図書
D/O ❸

輸入者

輸入手続き
代行依頼 ❷

船荷証券
B/L

通関用書類
・インボイス
・パッキングリスト
・原産地証明書
など

海貨・
通関業者

CY
オペレーター

❺ 荷渡指図書
D/O

輸入許可
通知書
I/P

❻
IN

機器
受渡書
EIR
OUT/IN

❺
OUT

デバンニング

輸入許可
通知書
I/P

❹ 輸入
申告書
I/D

税関

業務の流れ

到着案内 ➡ 引取依頼 ➡ B/L差入
D/O発行 ➡ 輸入通関 ➡ CY搬出 ➡ デバンニング

デバンニング ⬇ 貨物引取

☆ LCL貨物の引取手配の基本的な流れ

①本船の仕向港到着が近づくと、船会社は船荷証券の到着案内送付先に到着案内を出し、貨物の引き取りを促します。

②本船から降ろされたコンテナは、船会社の手配によってCYからCFSに回送されます。コンテナのCY搬出・搬入時にはCYオペレーターから機器受渡書（EIR OUT/IN→P88）が発行されます。CFSオペレーターはデバンニングを行い、輸入者別に商品を仕分けます。デバンニング時には、コンテナロードプラン（CLP）と照合して商品の数量不足や損傷の有無をチェックし、デバンニングレポートを作成します。

③輸入者は入手した船積書類を海貨・通関業者に渡し、輸入通関から商品の引き取りまでの輸入手続きの代行を依頼します。

④海貨・通関業者は、輸入申告書（I/D）、インボイス、パッキングリスト、原産地証明書、船荷証券のコピーなど輸入通関に必要な書類を添付して、税関で輸入通関手続きを行います。輸入通関を海貨・通関業者の上屋（保税施設）で行う場合は、保税輸送の手続きを行います。

⑤海貨・通関業者は、輸入者から預かった船荷証券を船会社に差し入れて、CFSオペレーター宛ての荷渡指図書（D/O→P102）を受け取ります。船荷証券の運賃表示が後払い（Freight Collect）の場合は、輸入者は事前に船会社に運賃を支払っておきます。

⑥海貨・通関業者は、CFSオペレーターに荷渡指図書（D/O）と輸入許可書または保税運送承認書を提出し、CFSチャージを支払った後に貨物とデバンニングレポートを受け取ります。

LCL貨物の輸入

書類の流れ

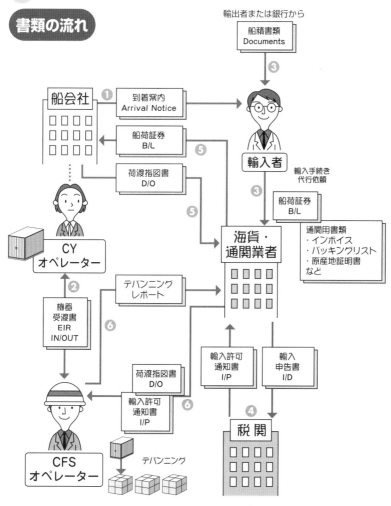

業務の流れ

荷渡指図書（コンテナ船）の例

DELIVERY ORDER

Shipper
U.S. FOOD INC. （荷主）

Consignee
JAPAN IMPORT CO., LTD.
1-XXXX NIHONBASHI
CHUO-KU, TOKYO,
JAPAN 103-XXXX （受荷主）

Notify Party
SAME AS CONSIGNEE

（到着案内送付先）

B/L No
Y.MLUW160031631

（B/L 番号）

ABC CONTAINER LINE CO. LTD.
4-XX, Kojimachi Chiyoda-ku,
Tokyo, Japan 102-00XX

（船会社）

Pre-carriage by	Place of Receipt **OAKLAND CY** （引受場所）			
Vessel **ABC PLEASURE 111** （本船名、航海番号）	Port of Loading **OAKLAND, U.S.A.** （船積港）			
Port of Discharge **YOKOHAMA, JAPAN** （荷揚港）	Place of Delivery **YOKOHAMA CY** （引渡場所）	**Vessel ETA**	（本船到着予定日） **FEB 9, 20XX**	

Marks and Numbers （荷印）	No. of Pkgs （梱包数）	Kind of Packages; Description of Goods （商品名）	Gross Weight （総重量）	Measurement （容積）
NO MARKS	**IN BULK**	**BABY LIMA BEANS IN BULK**	**15,000.000 KGS**	**21.000 CBM**
		ONE CONTAINER （コンテナの本数）		
		CONTAINER NO. YMLU2390473 **SEAL # ABCU XXXX** （コンテナ番号、シール番号）		
		FREIGHT PREPAID （運賃払いの表示）		

This Delivery Order is issued subject to the terms and conditions of the original Bill of Lading. If cargo is loaded into a container by the shipper, carrier shall not be responsible for any discrepancies between the particulars furnished by the shipper and the actual contents. When cargo is delivered at CFS, any description of container shall be used only for carrier' s reference.

（署名）

ABC CONTAINE LINE（JAPAN）LTD.
AS AGENT

File No. 43670

（船会社または代理店の署名）

定期船からの貨物の流れ

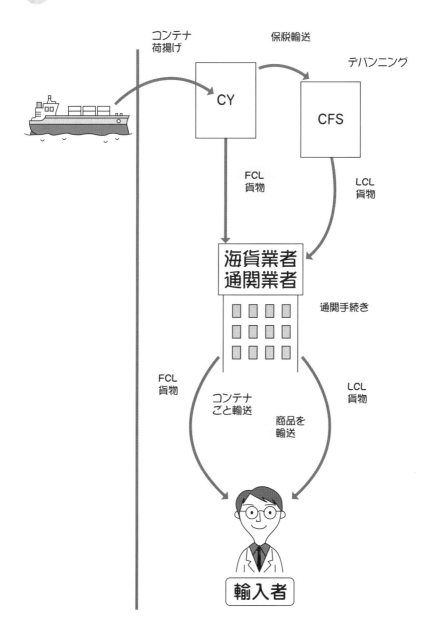

デバンニングレポートとは 定期船の輸入

デバンニングレポートはコンテナ貨物を取り出した際の報告書です。

☆ デバンニングレポート

デバンニングレポート（D/R: Devanning Report）とは、輸入コンテナから貨物を取り出した際の数量確認や商品の状況を記録した報告書のことです。

貨物に個数不足や損傷が発見された場合は、デバンニングレポートにリマークとして記載し、運送人への賠償請求や保険求償の帳票書類として使用します。

☆ デバンニングレポートの作成

FCL貨物の場合、輸入者が検査機関に依頼し、デバンニングを行う輸入者の施設または海貨・通関業者の施設で作成されます。LCL貨物の場合、デバンニングレポートはCFSオペレーターの依頼によって検査機関が作成します。

検査機関は、コンテナのシール（→P84）に破られた形跡はないか、コンテナから取り出した貨物に損傷はないか、個数不足はないかなどといった点を確認して、異常があれば記載します。

☆ デバンニングレポートの書式

デバンニングレポートは各検査機関のもつフォームで作成されます。記載される主な項目は、本船情報（本船名、航海番号、荷揚港と到着日、B/L番号）、コンテナ情報（コンテナ番号、コンテナシール番号）、商品情報（商品名、数、重量・容積など）、デバンニング情報（場所、日時）などがあります。

デバンニングは、アンスタッフィング（Unstuffing）と呼ばることもあります。

デバンニングレポートの例

JP　CHECKING CORPORATION
XX, Yokohama, Kanagawa, Japan

DEVANNING REPORT

APPLICANTS	JAPAN IMPORT CO., LTD. (依頼人)	REPORT NO./DATE	X X /FEB. 15, 20XX (REF 番号と日付)
CONTAINER NO.	YMLUW160031631 (コンテナ番号)	TYPE OF CONTAINER	20 Feet　DRY X 1 (コンテナの種類)
SEAL NO.	ABCUXXXX (シール番号)	B/L NO.	YMLUW160031631 (B/L 番号)
OCEAN VESSEL	ABC PLEASURE (本船名)	VOYAGE NO.	111 (航海番号)
PORT OF LOADING	OAKLAND, U.S.A. (船積港)	SHIPPER	U.S.FOOD INC. (荷主)
PORT OF DISCHARGING	ARRIVED AT YOKOHAMA ON FEB. 9, 20XX (荷揚港到着日)		
PLACE OF DEVANNING	YASUDA SOKO YOKOHAMA WAREHOUSE (コンテナのデバンニング場所)		
DATE & TIME OF DEVANNING	13:00 - 14:00 FEB. 15, 20XX (デバンニングの日時)		

DESCRIPTION OF GOODS	MARKS & NUMBERS
BABY LIMA BEANS (商品名)	**IN BULK (NO MARKS)** (荷印)

NO. & KINDS OF PACKINGS	WEIGHT (KGS)	MEASUREMENT (M3)
IN BULK (梱包数)	**15,000.000 KGS** (正味重量)	**21.000 M3** (容積)

TOTAL	PACKINGS IN	CONTAINERS	KGS/~~LBS~~	CBM/~~CFT~~
	−	20 FEET X 1	15,000.000	21.500

RESULT PACKINGS	− (個数検査結果)
REMARKS	**SEA WATER DAMAGE FOUND** (貨物状況に特記事項があれば記載)

(検査人署名)

―――――――――――――――――
JP CHECKING CORPORATION

19 輸入貨物引取保証状とは 定期船の輸入

輸入貨物引取保証状は船荷証券の到着が遅れたときに使う書類です。

☆ 輸入貨物引取保証状

輸入貨物引取保証状（L/G: Letter of Guarantee）とは、船荷証券を提出せずに輸入貨物を引き取るために輸入者が船会社に差し入れる保証状のことで、すべての責任を輸入者が負う内容になっています。

船会社は通常は銀行の連帯保証（Bank L/G）を要求します。中国や韓国など近隣諸国との取引で荷為替手形決済をした場合、時として貨物の到着に書類が間に合わないことがあります。このことを「船荷証券の危機」（B/L Crisis）と呼びます。

このような場合は、船会社の同意が得られれば、輸入貨物引取保証状を差し入れて貨物を引き取り、後日船積書類を入手してから船荷証券を船会社に差し入れて、輸入貨物引取保証状を回収します。

● B/L未着時のL/Gによる貨物の引き取り

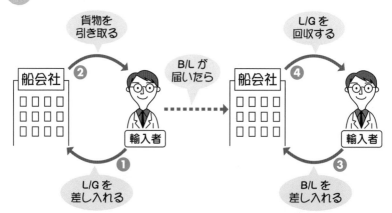

輸入貨物引取保証状の例

Japan Import Co., Ltd.
1-XX Nihonbashi, Chuo-ku
Tokyo, 103-00XX, Japan

JI

LETTER OF GUARANTEE
DELIVERY WITHOUT BILL OF LADING
（船荷証券の呈示なしで、輸入貨物引き渡しを受けるための保証状）

Date **May 31, 20XX**

To : **ABC CONTAINER LINE CO., LTD.**
　　　（船会社）

Dear Sirs

Ship	**M/V"ABC ACE"**	（本船名）
Voyage	**V-1100**	（航海番号）
Bill of Lading	**ABCU7654321**	（船荷証券番号）
Cargo	**PLY WOOD**	（商品名）
Quantity	**50 M3 / 23 CRATES**	（数量）
Shipper	**U.S.WOOD CO., LTD.**	（荷主名）

　In considerarion of your granting us the delivery of the above-mentioned cargo Ex.M/V"ABC ACE" voyage No. **V-1100** to arrive at **YOKOHAMA** from **OAKLAND** on **AUG.1, 20XX** consigned to us, without presentation of the bill of lading which has not yet been received by us, we hereby agree and undertake to surrender the said bill of lading duly endorsed immediately on obtaining after this date, and further guarantee to indemnify you against all consequences that may arise from you so granting us delivery, and to pay you on demand any freight and/or charges that may be due on the cargo.
　We hereby certify that the bill of lading covering the above consignment is not hypothecated to any party(ies). In the event of the said bill of lading hypothecated to any other party(ies), we further guarantee you hold harmless from all consequences whatsoever arising therefrom.

Japan Import Co., Ltd.

（輸入者署名）

_____

（輸入者責任者名、役職）

✪ デマレージ

本船から荷揚げされたFCL貨物を積み込んだコンテナはコンテナヤード（CY）に保管されますが、コンテナヤード（CY）は長期保管を目的とした場所ではないので、輸入者はすみやかにコンテナを引き取ることが求められます。

船会社はフリータイムと呼ばれる一定期間（1週間程度）は無料でコンテナをコンテナヤード（CY）に保管しますが、フリータイムを超えても引き取りが行われない場合は、デマレージ（Demurrage）と呼ばれる延滞留置料を輸入者に課します。

デマレージが発生した場合は、輸入者がデマレージを支払わないとコンテナは引き渡されません。

✪ ディテンションチャージ

FCL貨物の輸入では、輸入者はコンテナをコンテナヤード（CY）から借り受けて、海貨業者や自社の倉庫でデバンニングを行った後に、空コンテナをコンテナヤード（CY）に返却します。

船会社はコンテナ貸出期間に制限日数（この場合もフリータイムと呼ばれる）を設けており、無料貸出期間の期日までに返却されなかった場合は、ディテンションチャージ（Detention Charge）と呼ばれる返却遅延料が輸入者に課せられます。

デマレージとディテンションチャージ

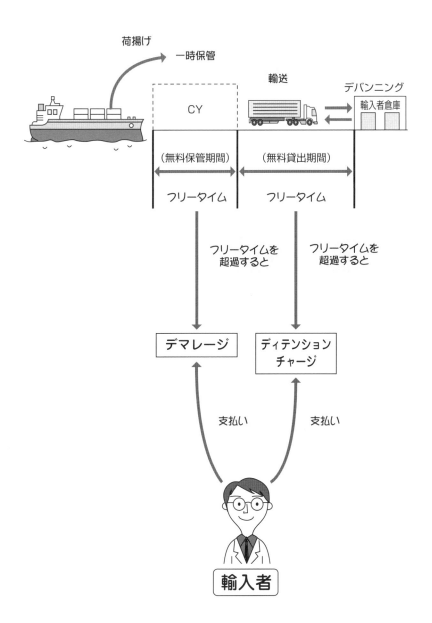

荷揚げ

一時保管

輸送

デバンニング

CY

輸入者倉庫

（無料保管期間）

（無料貸出期間）

フリータイム

フリータイム

フリータイムを超過すると

フリータイムを超過すると

デマレージ

ディテンションチャージ

支払い

支払い

輸入者

✪ 不定期船サービス

不定期船（Tramper）の配船は、輸出者や輸入者が用船者となって、貨物の性状や船積数量に適した船を、船積予定日に合わせて用船（船の手配）をします。取引量が多く安定的な配船が必要な場合は、連続航海などの長期間の用船を行うこともあります。

主な航路は、鉄鋼原料や穀物の生産国であるブラジル、豪州、南アフリカ、米国メキシコ湾岸からそれら原料の消費国である日本、欧州諸国、中国やアジア諸国となります。

✪ 不定期船の種類

不定期船の主力となる船は、穀物や石炭などの各種バラ荷貨物を積載するのに適した「バルクキャリアー」と「在来型貨物船」で、大きさは日本近海を航海する積載重量1000トン程度の小型船から、世界中を航海する8万トン級のパナマックス船型（パナマ運河を通航できる最大船型）、さらには喜望峰回りの航路を採るケープサイズと呼ばれる10万〜30万トン級の大型船まで数多くあります。

その他、貨物の性状や積揚施設の大きさに合わせて設計された、鉄鉱石船、自動車専用船、原油タンカー、チップ船、重量物船などの専用船や特殊船も、不定期船として配船されています。

✪ 不定期船の手配方法

用船契約の当事者である用船者（輸出者や輸入者）と船会社は世界中にあり、思いどおりの船がすぐに見つかるとは限らないので、一般的には海運ブローカーを介して用船交渉を行います。

不定期船の市場は、海運ブローカーのネットワークで構成されており、東京、ロンドン、ニューヨークを中心に取引されています。

不定期船の種類と航路

不定期船の種類（例）

・バルクキャリアー

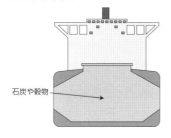

石炭や穀物

・在来型貨物船

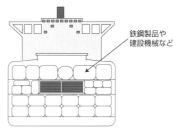

鉄鋼製品や
建設機械など

・鉄鉱石専用船

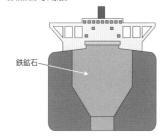

鉄鉱石

・原油タンカー

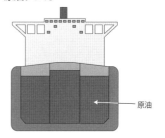

原油

不定期船の航路（例）

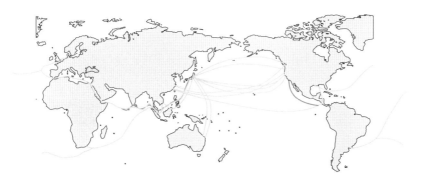

不定期船の運賃は基本的には船腹と貨物の需給関係で決まります。

⭐ 不定期船の運賃のしくみ

　不定期船の運賃は、用船者と船会社間で航海ごとに交渉します。定期船のように固定した「基本運賃」や「割増運賃」はなく、その時点の海運市況とコスト要素が織り込まれて運賃が決まります。

　運賃の高低は、基本的には船腹と貨物の需給関係によって決まりますが、燃料油価格の高低といった運航コストの変動や、心理的な要因も加わって日々変動しています。

⭐ 運賃の建値

　不定期船運賃の多くは、トン当たりの運賃率で決める重量建てで行われますが、貨物の形状によっては容積建てや総額（Lumpsum Freight）で取り決める場合もあります。

　トンの基準は、一般的にはメートル法によるメトリックトン（MT: Metric Ton）が使用されていますが、一部の商品や地域によっては英トン（LT: Long Ton）や米トン（ST: Short Ton）が使用される場合もあります。

⭐ 運賃条件

　本船への貨物の積み込みや荷揚げは用船者が行う場合も多く、運賃に荷役費用を含むかどうかは、重要な運賃条件となります。荷役費用にかかわる運賃条件は、次の4種類があります。

①FIO（Free In & Out）……積込、荷揚費用とも運賃に含まない。

②FO（Free Out）……荷揚費用は運賃に含まず、積込費用は含む。

③FI（Free In）……積込費用は運賃に含まず、荷揚費用は含む。

④Berth Term……積込費用、荷揚費用とも運賃に含む（Liner Termとも呼ばれる）。

不定期船の運賃条件

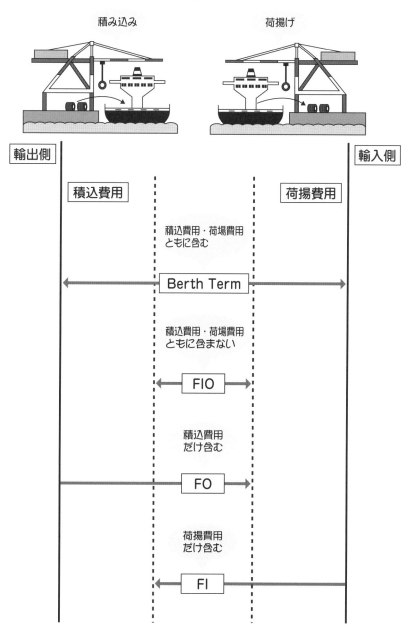

用船契約書は用船者と船会社が合意した内容をまとめた輸送契約書です。

✪ 用船契約書（チャーターパーティ）

用船者と船会社との交渉が合意にいたれば、「用船契約書」（C/P: Charter Party）と呼ばれる輸送契約書を締結します。用船契約にもとづいて発行される船荷証券は、「用船契約船荷証券」（Charter Party B/L）と呼ばれ、「輸送条件は当該の用船契約書に従う」旨の文言が記載されています。

✪ 用船契約の要点

用船契約を行う際の留意点は、次のとおりです。

①**用船契約の当事者**……用船者と船会社の確認

②**船の明細**……名前、船籍、全長、幅、喫水、積載可能重量など

船が使用予定の岸壁に安全に着岸できる大きさかどうかを確認します。

③**貨物明細**……商品名、荷姿、トン数、重量過不足の許容範囲など

④**港**……船積港（Loading Port）と荷揚港（Discharging Port）

⑤**運賃**……運賃料率と建値、運賃条件

⑥**入港予定日**……本船の船積港への入港日の期間に関する規定

用船者が船積準備を整えて本船の受入可能となる最初の日（Laydays）と、船の到着が遅延した場合に用船者が無償で用船契約を解約できる日（Cancelling Date）を取り決めます。

⑦**停泊期間**……船積港と荷揚港での許容停泊期間の規定

通常、用船者が貨物の船積みと荷揚げに要する日数に制限が設けられています。許容された停泊期間を超えた場合は用船者は滞船料（Demurrage）という賠償金を支払い、逆に早く荷役を終えた場合は早出料（Despatch Money）という報奨金を受け取ります。

用船契約書の例

1. Shipbroker P Shipbroking Co., Ltd. （用船ブローカー名）	RECOMMENDED THE BALTIC AND INTERNATIONAL MARITIME COUNCIL UNIFORM GENERAL CHARTER (AS REVISED 1922, 1976 and 1994) (To be used for trades for which no specially approved form is in force) CODE NAME: "GENCON"　　　　　　　　　　　　　Part I
	2. Place and date Tokyo, June 19, 20XX （締結場所と日付）
3. Owners/Place of business (Cl. 1) XYZ Lines, Ltd. xxx, Singapore （船会社）	4. Charterers/Place of business (Cl. 1) Japan Import Co., Ltd 1-XX, Nihonbashi, Chuo-ku Tokyo, 103-00XX, Japan （用船者）
5. Vessel's name (Cl. 1) M/V" MI TRADE"	6. GT/NT (Cl. 1) 29,758 Ton/14,440 Ton （総トン数　純トン数）
7. DWT all told on summer load line in metric tons (abt.) (Cl. 1) Dead weight 46,550 MT on 10.50M ssw LOA 196M, Breadth 30.00M Panama Flag （船の明細）	8. Present position (Cl. 1) Now dock in Shanghai then ballasting to loading port. （現在の本船の居場所や動向）
9. Expected ready to load (abt.) (Cl. 1) On or around June 28, 20XX （船積可能予定日）	
10. Loading port or place (Cl. 1) One (1) safe berth, one (1) safe port of Qinhuangdao, China （船積港）	11. Discharging port or place (Cl. 1) One (1) safe berth, one (1) safe port of Osaka, Japan （荷揚港）
12. Cargo (also state quantity and margin in Owners' option, if agreed; if full and complete cargo not agreed state "part cargo" (Cl. 1) A full and complete cargo of Coal in bulk 40,000 metric ton 10% more of less at Owners' option （貨物と屯数の明細）	
13. Freight rate (also state whether freight prepaid or payable on delivery) (Cl. 4) US $ 20.⁰⁰ per metric ton F.I.O. （運賃料率、建値、運賃条件）	14. Freight payment (state currency and method of payment; also beneficiary and bank account) (Cl. 4) To be fully prepaid in U.S. Currency （運賃支払条件）
15. State if vessel's cargo handling gear shall not be used (Cl. 5)	16. Laytime (if separate laytime for load. and disch. is agreed, fill in a) and b). If total laytime for load. and disch., fill in c) only) (Cl. 6)
17. Shippers/Place of business (Cl. 6) CCC EXPORT CORP./BEIJING （荷主の住所）	(a) Laytime for loading 20,000 MT WWDSHINC （船積港における許容停泊期間）
18. Agents (loading) (Cl. 6) XXX Agency （船積港における船舶代理店）	(b) Laytime for discharging 15,000 MT WWDSHEXUU （荷揚港における許容停泊期間）
19. Agents (discharging) (Cl. 6) △△△ Agency （荷揚港における船舶代理店）	(c) Total laytime for loading and discharging
20. Demurrage rate and manner payable (loading and discharging) (Cl. 7) US $ 20,000 per day or pro rata for both ends. （滞船料の料率に関する取り決め）	21. Cancelling date (Cl. 9) July 10, 20XX （解約可能日）
	22. General Average to be adjusted at (Cl. 12) Tokyo （共同海損発生時の取り決め）
23. Freight Tax (state if for the Owners' account (Cl .13 (c))	24. Brokerage commission and to whom payable (Cl. 15)
25. Law and Arbitration (state 19 (a), 19 (b) or 19 (c) of Cl. 19; if 19 (c) agreed also state Place of Arbitration) (if not filled in 19 (a) shall apply) (Cl. 19) Tokyo, Japan （準拠法と仲裁実施場所）	1.25% on gross amount of freight to be paid to P Shipbroking Co., LTD. （用船ブローカーに支払う仲介手数料）
(a) State maximum amount for small claims/shortened arbitration (Cl. 19)	26. Additional clauses covering special provisions, if agreed

It is mutually agreed that this Contract shall be performed subject to the conditions contained in this Charter Party which shall include Part I as well as Part II. In the event of a conflict of conditions, the provisions of Part I shall prevail over those of Part II to the extent of such conflict.

Signature (Owners) （船会社の署名）	Signature (Charterers) （用船者の署名）

Printed and sold by Fr. G. Knudtzons Bogtrykkeri A/S, 61 Vallensbækvej, DK-2625 Vallensbæk,
Telefax +45 43 66 07 08 by authority of The Baltic and International Maritime Council (BIMCO), Copenhagen

☆ 不定期船の船積手配の基本的な流れ

①輸出者は貨物の荷ぞろいに合わせて用船契約を結びます。

②輸出者は、船積依頼書（S/I→P146）と輸出通関に必要なインボイス、パッキングリスト、輸出許認可書類を海貨・通関業者に送り、輸出手続き代行を委託します。

③輸出者は、検査機関による検数や検量を受けます。検数や検量の方法やタイミングは貨物の性状により異なります。

④海貨・通関業者は税関に輸出通関手続きをします。

・直積みの場合は、税関には艀中扱い、または本船扱いの手続きをとり、はしけ上または本船上で輸出通関を行います。

・総積みの場合は、海貨・通関業者は港湾地域の自社保税施設などで輸出通関を行い、税関から輸出許可取得後、船会社に指定された上屋に貨物を搬入します。

⑤船会社は本船宛てに船積指図書（S/O→P118）を送ります。

⑥海貨・通関業者は輸出許可通知書(E/P→P150)を本船に呈示。

⑦船積みの後は、本船は貨物受取証であるメーツレシート（M/R→P118）を輸出者宛てに発行し、写しを船会社に送ります。

⑧船会社はメーツレシートと引き換えに、海貨・通関業者経由、または直接輸出者に船荷証券を発行します。

☆ 直積みと総積み

　直積みは、貨物をはしけで輸送し本船船側に横づけして積み込む方法で大口貨物に適しています。船積設備を所有する輸出者であれば、自社岸壁に船を寄港させることもあります。総積みは、岸壁近くの上屋で貨物を船会社に引き渡し、船側までの輸送と本船への積み込みは船会社が行う船積方法で、小口貨物の合積みに適しています。

不定期船の輸出（在来型貨物船の場合）

書類の流れ

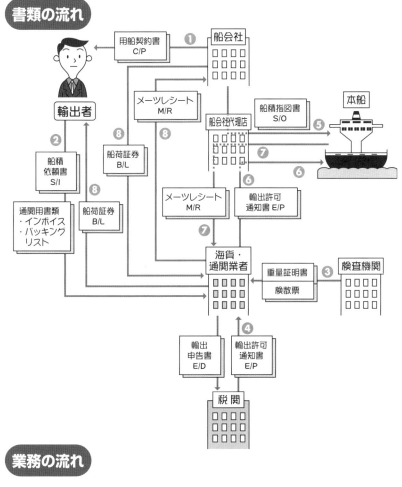

業務の流れ

船積指図書とメーツレシートは書式や記載事項がほぼ同じです。

☆船積指図書

　船積指図書（S/O: Shipping Order）とは、船会社が本船船長宛てに出す貨物の船積みを指示する指図書のことです。

☆メーツレシート

　メーツレシート（M/R: Mate's Receipt）は、船積完了後に本船の一等航海士（Mate）が輸出者宛てに発行する貨物受取証です

　船積指図書とメーツレシートは指図書と受取証の関係にあり、書式や記載事項はほぼ同じです。

　実務的には、海貨・通関業者が船会社から船積指図書とメーツレシートのブランクフォームを預かり、輸出者からの船積依頼書（S/I →P146）にもとづいて記入して、船会社には船積指図書（S/O）を提出、本船にはメーツレシート（M/R）を提出して、署名を取得する形式で発行されます。

☆保証状（リマーク消し）

　貨物を本船が受け取った時点で損傷が発見された場合、メーツレシート（M/R）に本船側は貨物の受取時点の状況を記録するため、リマーク（留保事項）を記載します。メーツレシートに記載されたリマークは、そのまま船荷証券（B/L）に記載されることになります。

　ただし、L/C決済ではクリーンB/Lを要求されるのが通常で、リマークの入ったB/Lは銀行から買い取りを拒否されます。

　このような場合、船会社の合意が得られれば、輸出者はリマークをB/Lには記載しないことによるいっさいの責任を負うことを確約する「保証状」（L/G: Letter of Guarantee）を船会社に差し入れて、クリーンB/Lを発行することもあります（→P40、121）。

船積指図書の例

Shipper		
Japan Export Co., Ltd.		
1-XX Nihonbashi, Chuo-ku		
Tokyo, 103-00XX, Japan		
(荷主)		

B/L No.
SKKL-
YWXG-0010-8007
(B/L 番号)

SHINWA KAIUN KAISHA, LTD.
(船会社)
SHIPPING ORDER

Consignee

To Order of Shipper
(受荷主)

Notify Party

U.S. TRADING INC.
180 EAST OCEAN BLVD.
LONG BEACH, CA 90802, U.S.A.
(到着案内送付先)

To the Commanding Officer ;
Please receive on board the undermentioned goods.
If any discrepancy is found, please keep such record
on accompanying Mate's Receipt.

Lighter's Name or Warehouse's Name

Cargo Alongside Deadline
Date,　　　　　　Hour

(Local Vessel)	(From)

Ocean Vessel	Voy. No.	Port of Loading
MIHO EXPRESS (本船名)	01	KOBE, JAPAN (船積港)

Port of Discharge Long Beach U.S.A. (仕向港)　*For Transhipment to (if on-carriage)　*Final destination (for the merchant's reference only)

Marks & Numbers	No. of P' kgs. or Units	Kind of Packages or Units: Description of Goods	Gross Weight	Measurement
U.S. TRADING INC. LONG BEACH U.S.A. STAINLESS STEEL PIPE C/NO, 1-50 MADE IN JAPAN (荷印)	50 CASES 300 PIECES (梱包数)	STAINLESS STEEL PIPE AAA TYPE BBB TYPE (商品名)	200.5 M/T (総重量)	25 M3 (容積)
		FREIGHT PREPAID (運賃先払表示)		

Particulars furnished by the Merchant (CONTENTS UNKNOWN to the Carrier)

TOTAL NUMBER OF PACKAGES OR UNITS (IN WORDS)	**FIFTY (50) CASES ONLY** (梱包数の文章表示)

REMARKS:

A F T	[F O R E]	HATCH NO. _____	
		RECEIVED IN ALL	DATED

(船会社または代理店署名)

CHECKER　　　　　FOR MANAGER

Ⓐ

S/O NUMBER
SKKL-
YWXG-0010-8007
(S/O 番号は B/L 番号とは
必ずしも一致しない)

メーツレシートの例

Shipper Japan Export Co., Ltd. 1-XX Nihonbashi, Chuo-ku Tokyo, 103-00XX, Japan (荷主)	B/L No. SKKL- YWXG-0010-8007 (B/L 番号)

S SHINWA KAIUN KAISHA, LTD.
(船会社) MATE'S RECEIPT

Consignee To Order of Shipper (受荷主)	

Notify Party U.S.TRADING INC. 180 EAST OCEAN BLVD. LONG BEACH, CA 90802, U.S.A. (到着案内送付先)	Shipped on board the vessel, the undermentioned goods in apparent good order and condition unless otherwise indicated herein;

Lighter's Name or Warehouse's Name

Cargo Alongside Deadline
Date,   Hour

(Local Vessel)	(From)	

Ocean Vessel MIHO EXPRESS Voy. No. 01 (本船名)	Port of Loading KOBE, JAPAN (船積港)	

Port of Discharge Long Beach U.S.A. (仕向港)	*For Transhipment to (if on-carriage)	*Final destination (for the merchant's reference only)

Marks & Numbers	No. of P'kgs. or Units	Kind of Packages or Units; Description of Goods	Gross Weight	Measurement
U.S. TRADING INC. LONG BEACH U.S.A. STAINLESS STEEL PIPE C/NO, 1-50 MADE IN JAPAN (荷印)	50 CASES 300 PIECES (梱包数)	STAINLESS STEEL PIPE AAA TYPE BBB TYPE (商品名)	200.5 M/T (総重量)	25 M3 (容積)
		FREIGHT PREPAID (運賃先払表示)		

Particulars furnished by the Merchant (CONTENTS UNKNOWN to the Carrier)

TOTAL NUMBER OF PACKAGES OR UNITS (IN WORDS)	FIFTY (50) CASES ONLY (梱包数の文章表示)

REMARKS:

A F T		F O R E	HATCH NO. 5	
			RECEIVED IN ALL 50 CASES	DATED JUNE 29, 20XX

(検数業者署名) ————————— CHECKER	(本船一等航海士署名) ————————— CHIEF OFFICER	S/O NUMBER SKKL- YWXG-0010-8007 (S/O 番号)

Ⓑ

120

保証状（リマーク消し）の例

Japan Export Co., Ltd.
1-XX Nihonbashi, Chuo-ku
Tokyo, 103-00XX, Japan

JE

LETTER OF GUARANTEE

（メーツレシートに記載されたリマークを船荷証券に載せず
クリーンB/Lの発行を受けるための保証状）

Date **May 31, 2009**

To : **XYZ Shipping Co., Ltd.**

（船会社）

Dear Sirs

Ship	**M/V"ABC QUEEN"**	（本船名）
Voyage	**V-1111**	（航海番号）
Bill of Lading No.	**ABCD00011**	（船荷証券番号）
Cargo	**Cold Rolled Steel Coil**	（商品名）
Quantity	**4 Coils 44.500 M/T**	（数量）
Shipper	**Japan Export Co., Ltd.**	（荷主名）
Remarks in the M/R	**3 Coils partly rusty**	

（メーツレシートに記載されたリマークの内容）

In considerarion of your issuing us clean Bill of Lading for above-
mentioned goods, for which exceptions have been inserted in the
relative Mate's Receipt as indicated above, we the undersigned, hereby
undertake and agree to pay, on demand, any claims that may arise on
the goods made by the consignee, or by any person to whom the
documents are endorsed, and also to indemnify you against all
consequences arising therefrom.

Japan Export Co., Ltd.

（輸出者署名）

_____

（輸出者責任者名、役職）

✪不定期船貨物引取手配の基本的な流れ

①輸入地仕向港に本船の到着が近づくと、船会社は船荷証券上の到着案内送付先に到着案内を出し、貨物の引取準備を促します。

②輸入者は入手した船積書類一式を海貨・通関業者に渡し、輸入通関から商品引き取りまでの輸入手続きの代行を依頼します。また、船荷証券が運賃後払い（Freight Collect）で発行されている場合は、輸入者は船会社に運賃を支払います。

③海貨・通関業者は、船荷証券を船会社に差し入れて、荷渡指図書（D/O: Delivery Order→P124）を受け取ります。D/Oは直取りの場合は本船宛て、総揚げの場合は上屋管理者宛てに発行されます。

④海貨・通関業者は、税関への輸入通関手続きと本船からの貨物の引取手配をします。直取りの場合、税関で「本船扱い」か「艀中扱い」あるいは「保税運送」の手続きをします。本船に荷渡指図書（D/O）を呈示し、はしけに荷揚げをして、荷揚げ完了後は貨物受取証としてボートノート（B/N: Boat Note→P124）を本船に渡します。総揚げの場合、貨物は船会社の手配で本船から荷揚げされ、代理店からボートノートが本船に渡されます。貨物は港湾内の上屋に搬入されるので、海貨・通関業者は輸入通関手続き後、荷渡指図書（D/O）と輸入許可通知証（I/P→P156）を上屋の管理者に呈示して、貨物を引き取ります。

✪直取りと総揚げ

不定期船貨物の荷揚げには、輸入者が直接本船から荷揚げする直取り（自家取り）と、船会社がすべての貨物を本船から揚げる総揚げの2種類の方法があります。荷揚げ貨物の検数や検量は検査機関に依頼します。

不定期船の輸入（在来型貨物船の場合）

書類の流れ

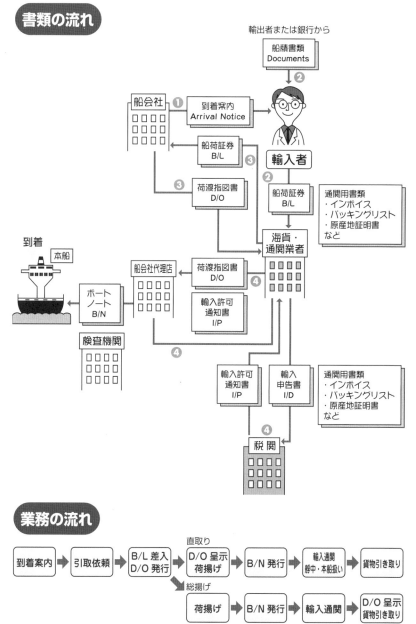

業務の流れ

到着案内 ➡ 引取依頼 ➡ B/L 差入 D/O 発行 ➡ 【直取り】D/O 呈示 荷揚げ ➡ B/N 発行 ➡ 輸入通関 解中・本船扱い ➡ 貨物引き取り

【総揚げ】荷揚げ ➡ B/N 発行 ➡ 輸入通関 ➡ D/O 呈示 貨物引き取り

✪ 到着案内書

　船会社は、本船の到着予定案内を船荷証券の到着案内送付先宛てに連絡し、貨物の引取準備を輸入者に促します。

　到着案内書（Arrival Notice）には、本船の到着予定日（ETA: Estimated Time of Arrival）の他に、貨物を引き取る前に支払うべき港湾諸費用などの請求金額も記載されます。

✪ 荷渡指図書

　荷渡指図書（D/O: Delivery Order）とは、仕向港で船会社が直取りの場合は本船、総揚げの場合は上屋管理者宛てに発行する貨物の引渡指図書のことです。

　輸入者は、船荷証券と引き換えに船会社から荷渡指図書を受け取り、輸入通関手続きを行った後に、荷渡指図書を本船または上屋管理者に呈示して貨物を引き取ります。

　実務的には、正当な荷受人であることが確認できる場合、荷渡指図書は省略されることもあります。

✪ ボートノート

　ボートノート（B/N: Boat Note）とは、本船から貨物を荷揚げした際に、輸入者の委託を受けた検査機関が本船宛てに渡す貨物受取証のことです。

　ボートノートには、品名、個数、荷印、荷揚日などの貨物荷揚げに関する明細が記載されます。

　もし、個数の不足や貨物の損傷が発見されれば、その状況はボートノートにリマークとして記入され、後日船会社に対する賠償請求や保険会社へ求償する際の証拠書類として使用されます。

不定期船からの貨物の流れ

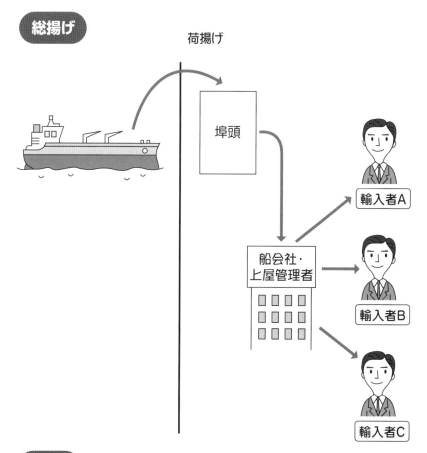

総揚げ

荷揚げ

埠頭

船会社・
上屋管理者

輸入者A

輸入者B

輸入者C

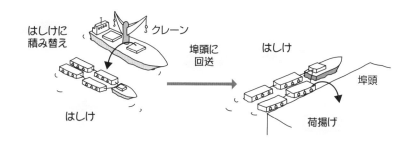

直取り

はしけに
積み替え

クレーン

埠頭に
回送

はしけ

はしけ

埠頭

はしけ

荷揚げ

SHINWA KAIUN KAISHA, LTD.

DELIVERY ORDER

To. **MASTER of M/V "MI TRADE"** (船長宛)   D/O. No. **123XXX** (D/O番号)

Please deliver to Messrs. **JAPAN IMPORT CO., LTD.** (荷受人)

upon endorsement of this Delivery Order the following goods :

Ex M.S. **MI TRADE** (本船名) , Voy. No. **XX** (航海番号)
   S.S.

(Orig. S. _____, Voy. No._____),

Port of Loading **QINHUANGDAO, CHINA** (船積港) (Orig._____),

Port of Discharge **OSAKA, JAPAN** (荷揚港) , on or about **JULY 15, 20XX** (荷揚港到着予定日).

B/L. No._____ (Orig. B/L. No._____)

Marks and Nos.	Contents
(荷印) **N/M** (荷印) (本サンプルはバラ荷の ため荷印はない。N/M は NO MARKS の略)	**COAL IN BULK 40,000 MT** (商品と重量や数量)

Total number of
packages in words_____

This Delivery Order is issued subject to the conditions stated on the back hereof.

FOR THE SHINWA KAIUN KAISHA, LTD.

(船会社または代理店署名)
----
                   as Agents.

(56. 12. 3 ×50 ×100 岩)

ボートノートの例

ALL NIPPON CHECKERS CORPORATION
LICENSED BY JAPANESE GOVERNMENT

ANCC
（検査機関）

HEAD OFFICE :
3-1-8 KAIGAN MINATO-KU TOKYO JAPAN
TEL.03-5765-XXXX FAX.03-5440-XXXX

BRANCHES:

ALL PRINCIPAL PORTS

IN JAPAN

B/N No. **XX○○○**
（ボートノート番号）

_____ BRANCH

CARGO BOAT NOTE

VESSEL .... **M. V. "MI TRADE"**（本船名） ...... VOY No. **XX**（航海番号）

PORT **OSAKA**（荷揚港） ARRIVED ON **JULY 15, 20XX**（荷揚港到着日） BERTH **A-1X**（荷揚埠頭名）

LIGHTER NO. / WHARF .... HATCH NO **1, 2, 3, 4&5**（ハッチ番号）

B/L NO	MARKS & NO.	NO. OF P'KGS	STYLE	DESCRIPTION	REMARKS
				DISCHARGING CARGO AT OSAKA	
	FROM: QINHUANGDAO, CHINA				
		40,000.000（重量）	**M/T**	**COAL IN BULK**（商品名）	**SAID TO WEIGH.**

TOTAL（ **40,000.000 M/T ONLY**（重量）

LANDING PLACE :

CONSIGNEE/XXXXXXXXX **JAPAN IMPORT CO., LTD.**（荷受人）

RECEIVER （荷受人署名）

CHIEF OFFICER （本船一等航海士署名）

RECEIVED DATE **JULY 20, 20XX**

CHIEF CHECKER （検査機関署名）

127

航空輸送には混載貨物と直載貨物の2種類があります。

★ 航空貨物輸送のサービス

貿易取引の貨物を航空機で輸送する場合は、フォワーダーと呼ばれる航空貨物混載業者に手続きを依頼する「混載貨物」の方法が一般的です。フォワーダーは、輸出者の施設で貨物のピックアップから梱包、ラベリング、書類作成、通関業務代行などを含めた一貫サービスを提供しています。スピードが命の航空輸送では、機械パーツや電子部品など多くの航空貨物が、利便性の高いフォワーダーを介して輸送手配がされています。

他の貨物と混載できない危険物や、到着後の貨物引き取りに一刻を争う保冷品などの場合は、フォワーダーを介さず航空会社（またはその代理店）に直接申し込む「直載貨物」の方法が採られます。

★ 航空運賃のしくみ

航空会社が輸送する航空運賃は、IATA＊（国際航空運送協会）で規定されています。その運賃体系は重量の増加にともない、1Kg当たりの運賃が段階的に下がる重量逓減制が適用されています。

フォワーダーは、複数の輸出者の商品を１つの貨物に取りまとめて、自らが荷主となって航空会社に輸送を申し込むことで、より低い料率のIATA運賃を航空会社から仕入れます。

一方で、各輸出者には、輸送人として個々に航空会社に申し込むよりは割安な運賃を提供しています。

★ ブッキングの方法

航空機のフライトスケジュールは専門誌に記載されていますが、通常は輸出者がフォワーダーに電話でフライトの発着スケジュールを確認し、貨物のピックアップ日時の打ち合わせをして予約します。

＊IATA : International Air Transport Association

航空輸送の手配

混載貨物

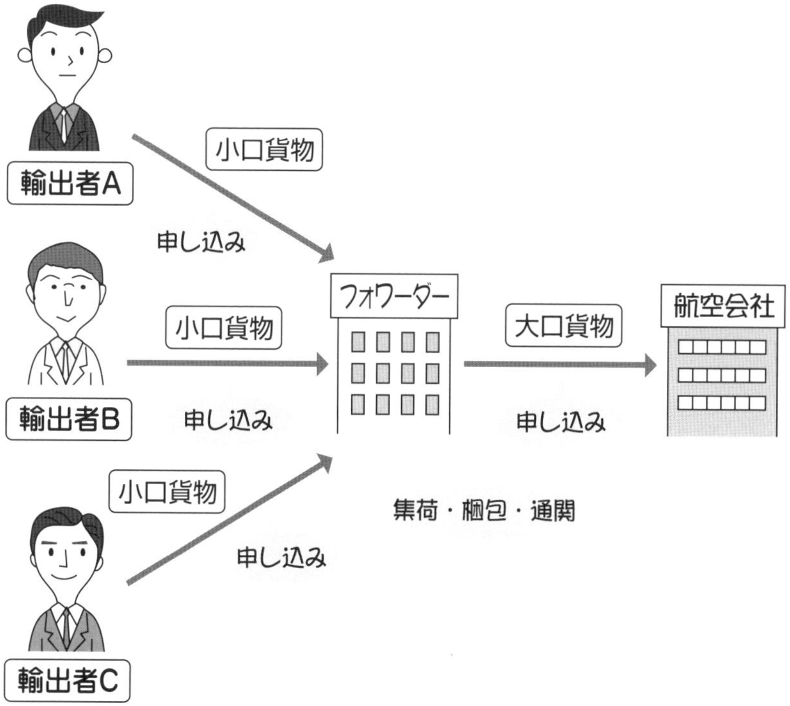

輸出者A　　小口貨物　　　　→ フォワーダー

申し込み

輸出者B　　小口貨物　　→ フォワーダー　　大口貨物　→ 航空会社

申し込み　　　　　　　　　　申し込み

輸出者C　　小口貨物

申し込み　　　　　集荷・梱包・通関

直載貨物

輸出者　　　　申し込み　　　　　　　→ 航空会社

梱包・通関

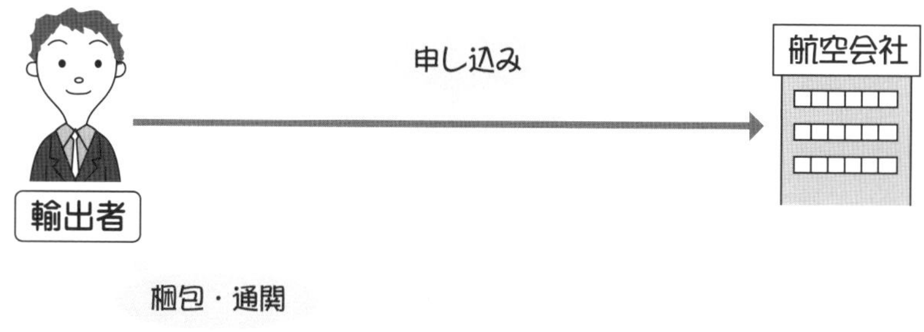

航空運送状は貨物受取証と輸送契約書の機能をもつ非有価証券です。

⭐ 航空運送状

　航空運送状（AWB: Air Waybill）とは、航空会社やフォワーダーが輸出者宛てに発行する貨物受取証と輸送契約書の機能をもつ非有価証券のことです。航空運送状は、到着空港側で貨物の引渡請求権の機能をもたない点で、船荷証券（→P38）と異なります。

　輸入者が到着空港側で貨物を引き取る際、航空会社やフォワーダーに航空運送状を提出する必要はなく、航空運送状に記載された受荷主であることが確認されれば、貨物は輸入者に引き渡されます。したがって、航空運送状は受荷主名（Consignee）の記載を必須記入事項とする記名式で作成され、流通性はありません。

　航空運送状は、輸入者（受荷主）宛てにも作成され、貨物と同じ航空機で輸送されて、貨物の引き渡しや輸入通関手続きに使われます。

⭐ 航空運送状の書式と記載事項

　航空運送状は、IATA（→P128）の書式で作成され、貨物が搭載された航空機便名、発地空港、仕向空港、輸出者名（荷主）、輸入者名（受荷主）、商品名、数量、価格などが記載されます。

⭐ マスターエアウェイビルとハウスエアウェイビル

　航空会社が発行する航空運送状は、マスターエアウェイビル（MAWB）と呼ばれ、直載貨物の場合は輸出者宛て、混載貨物の場合にはフォワーダー宛てに発行されます。フォワーダーが各輸出者宛てに発行する航空運送状は、ハウスエアウェイビル（HAWB）と呼ばれます。マスターAWBかハウスAWBかの違いは、運送状発行者の「Issuing Carrier」の欄で発行者が航空会社かフォワーダーかを確認することで識別できます。

航空運送状の例

FAC-1234XXXX （HAWB 番号）

Shipper's Name and Address	Shipper's Account Number
Japan Export Co., Ltd. 1-XX Nihonbashi, Chuo-ku Tokyo, 103-00XX, Japan （荷主名と住所）	

Not negotiable

Air Waybill

Issued by　**FUYO AIR CARGO CO., LTD.**
　　　　　XXX NARITA CITY, CHIBA, JAPAN
　　　　　（航空運送状の発行者）

as carrier
Copies 1, 2 and 3 of this Air Waybill are originals and have the same validity.

Consignee's Name and Address	Consignee's Account Number
THAI AUTO PARTS CO., LTD. XXX BANGKOK 10120 THAILAND （受荷主名と住所）	

It is agreed that the goods described herein are accepted in apparent good order and condition (except as noted) for carriage SUBJECT TO THE CONDITIONS OF CONTRACT ON THE REVERSE HEREOF. ALL GOODS MAY BE CARRIED BY ANY OTHER MEANS INCLUDING ROAD OR ANY OTHER CARRIER UNLESS SPECIFIC CONTRARY INSTRUCTIONS ARE GIVEN HEREON BY THE SHIPPER, AND SHIPPER AGREES THAT THE SHIPMENT MAY BE CARRIED VIA INTERMEDIATE STOPPING PLACES WHICH THE CARRIER DEEMS APPROPRIATE. THE SHIPPER'S ATTENTION IS DRAWN TO THE NOTICE CONCERNING CARRIER'S LIMITATION OF LIABILITY. Shipper may increase such limitation of liability by declaring a higher value for carriage and paying a supplemental charge if required.

Issuing Carrier's Name and City	Accounting Information
FUYO AIR CARGO CO., LTD. TOKYO, JAPAN （航空運送状の発行者：Issuing Carrier）	THAI AUTO LOGISTICS CO., LTD. TEL XXX-△△△△ （到着案内送付先等を記載）

MAWB NO. 131-0000XXXX （マスター AWB 番号）

Airport of Departure (Addr. of First Carrier) and Requested Routing
NARITA （発地空港）

To	By First Carrier	Routing and Destination	to	by	to	by	Currency	Chgs Code	WT VAL		Other		Declared Value for Carriage	Declared Value for Customs
BKK	**JL** （航空会社名）						**JPY**		PPD X	COLL	PPD X	COLL	**N.Y.D**	（税関への申告価額）

Airport of Destination		Requested Flight/Date	
BANGKOK （仕向空港）		**JL717/12** （便名と日付）	

Amount of Insurance

INSURANCE - If carrier offers insurance and such insurance is requested in accordance with the conditions thereof, indicate amount to be insured in figures in box marked Amount of Insurance.

Handling Information

（危険品などの特記事項を記載）

No. of Pieces RCP	Gross Weight	kg lb	Rate Class Commodity Item No.	Chargeable Weight	Rate Charge	Total	Nature and Quantity of Goods (incl. Dimensions or Volume)
5 （個数）	**100.8** （総重量）		**xxxxx** （品目番号） H.S.CODE 適用運賃料率 N=基本料率	**101.0** （計算重量） 0.5kgs 単位切上げ	**990** （運賃単価）	**99,990** （運賃合計）	**AUTO PARTS** **TOTAL 5 CARTONS** **40×40×40CM×5** **INVOICE NO. 000XXX** **ORIGIN : JAPAN** **FREIGHT PREPAID** （商品情報、その他）
			N				

Prepaid	Weight Charge	Collect
99,990 （運賃先払い）		（運賃後払い）

Valuation Charge
Tax

Other Charges

（その他諸チャージ）

Total other Charges Due Agent

Shipper certifies that the particulars on the face hereof are correct and that insofar as any part of the consignment contains dangerous goods, such part is properly described by name and is in proper condition for carriage by air according to the applicable Dangerous Goods Regulations.

H.Mt

（荷主または代理人のサイン）
Signature of Shipper or his Agent

Total other Charges Due Carrier
200 （B/L Fee など）

Total Prepaid	Total Collect
100,190	

Currency Conversion Rates	CC Charges in Dest. Currency

（発行日と場所）

MAY 11, 20XX　　　　**NRT** （航空運送状発行者のサイン）

Yoshii

Executed on (date)　　　　at (place)　　Signature of Issuing Carrier

For Carriers Use only at Destination	Charges at Destination	Total Collect Charges

JAPAN AIRCARGO FORWARDERS ASSOCIATION　JAFA　TOPPAN FORMS CO.,LTD.

ORIGINAL-3 (FOR SHIPPER)
（荷主用）

PRINTED IN JAPAN

輸出者が行う航空貨物の輸送手配は次のとおりです。

✿ 混載貨物の輸出手配の基本的な流れ

　輸出者は、商品の性質や重量、緊急度などを考慮して直載貨物か混載貨物かを決めて、商品の出荷準備を行います。現在は、利便性から次のような混載貨物での輸送が一般的となっています。

①輸出者は、インボイスやパッキングリストなど通関手続きで必要になる書類を準備し、フォワーダーに航空機のスペース予約や輸出手続きの代行を依頼します。フォワーダーは通関業も兼ねているので、集荷や梱包、輸出通関など一連の業務をまとめて引き受けています。具体的には、輸出者の工場や倉庫から商品を集荷し、空港近隣にある自社の倉庫に搬入の後、倉庫で梱包や商品の検数と検量を行い、ハウスAWB番号や仕向地などを記載したラベルを梱包の目立つ箇所に貼り付けるなどの出荷準備を行います。

②通関業者としてのフォワーダーは、自社施設内の保税地域に商品を搬入し、税関への輸出手続きを行います。

③税関の輸出許可後、フォワーダーは他の輸出者の貨物との混載でパレット化を行い、航空会社の貨物ターミナルに保税輸送します。航空会社には、インボイス、パッキングリスト、輸出許可通知書（E/P：→P150)、受荷主用ハウスAWBを提出します。

④航空会社は、フォワーダーにマスターAWBを発行します。貨物はULD（Unit Load Device）と呼ばれる航空機運送用コンテナやパレットに積み付けられて航空機に搭載されます。航空機には、貨物と一緒にインボイス、パッキングリスト、受荷主用のエアウェイビル（マスターとハウスの両方）も輸送され、輸入国側で輸入通関に使用されます。

⑤フォワーダーは輸出者にハウスAWBを発行します。

航空貨物の輸出（混載貨物）

書類の流れ

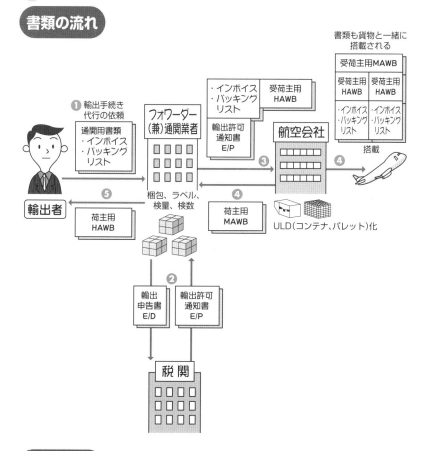

業務の流れ

＊直載貨物の場合は、輸出者自らがすべての手配を行い、マスター AWB のみ発行されます。

輸入者が行う航空貨物の輸入手配は次のとおりです。

✿ 混載貨物の輸入手配の基本的な流れ

①仕向空港に航空機が到着すれば、航空会社は貨物を航空機から下ろし、空港内の貨物ターミナル（上屋とも呼ばれる）に搬入します。貨物はコンテナやULD（→P132）から取り出され、マスターAWBの受荷主別に仕分けられます。

②一方で航空会社は、航空機の到着に合わせて電話やファックスで受荷主に到着案内を連絡し、商品の引き取りを促します。航空会社の到着案内は、マスターAWBの受荷主であるフォワーダー宛てに出され、フォワーダーはハウスAWBの各受荷主に到着案内を出します。

③輸入者は通関業者に輸入通関手続きの代行を依頼しますが、フォワーダーは通関業務も行っているので、輸入通関手続きから貨物の引き取りまで一貫してフォワーダーに委託するのが一般的です。

④航空会社は、マスターAWBの受荷主であることと、輸入通関か保税輸送手続きを終えていることを確認後、貨物ターミナルの管理者宛ての貨物引渡指示書をフォワーダーに発行します。

⑤フォワーダーは、貨物を空港近辺の自社保税倉庫まで保税輸送し、混載したパレットを開梱してハウスAWBの受荷主別に貨物を仕分けます。輸入者は、税関への輸入通関手続きを行い、輸入許可取得後、運送業者に輸送の手配をして商品を引き取ります。

✿ 直載貨物の航空貨物引き取りの流れ

　直載貨物の場合、輸入者は遅滞なく貨物を引き取ることが求められます。輸入者は税関から輸入許可を得て貨物をターミナルから引き取るか、空港近隣にあるフォワーダーの保税倉庫に保税輸送して輸入通関を行います。

航空貨物の輸入（混載貨物）

書類の流れ

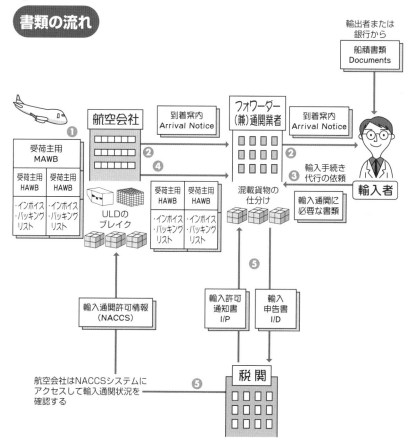

業務の流れ

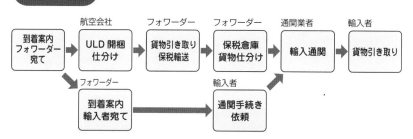

輸入者はリリースオーダーと引き換えに輸入貨物を引き取ります。

✪ リリースオーダー

リリースオーダー（R/O：Release Order・航空貨物引渡指図書）とは、信用状発行銀行を荷受人として輸送されてきた輸入航空貨物を、輸入者（信用状発行依頼者）に引き渡すようにと指示する指図書のことで、銀行から航空会社またはフォワーダー宛てに出されます。

航空貨物の代金決済を信用状付荷為替手形で行う場合、信用状発行銀行は貨物を担保とするために、銀行を貨物の荷受人とした航空運送状を信用状の要求書類とするのが一般的です。

その場合、実際の貨物の荷受人である輸入者は、航空運送状に「到着案内追加送付先」（Also Notify Party）として記載されます。

輸入貨物の到着案内を受け取った輸入者は、銀行との代金決済を終えた後、銀行から受け取ったリリースオーダーと引き換えに、航空会社またはフォワーダーから貨物を引き取ります。

✪ リリースオーダーの書式

リリースオーダーは、航空会社またはフォワーダーが作成します。輸入者は、航空会社またはフォワーダーから原本を受け取り、銀行の署名・捺印を取得した後に戻します。

信用状決済の場合のリリースオーダーの流れ

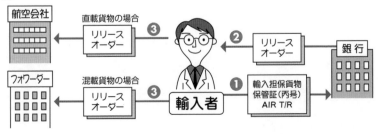

航空貨物引渡指図書の例

XYZ AIR FORWARDING CO., LTD. 東京都○○区　○○○町　×××	**XYZ**

RELEASE ORDER

	日付	**2009 年○月○日**
XYZ AIR FORWARDING CO. LTD. （フォワーダー）	REF.NO.	**×××××** （参照番号）

IMPORT DEPARTMENT　　御中
_____
（支店名、担当部署名）

当行宛到着貨物（運送状番号　**XYZ-1111XXXX**）を、

JAPAN IMPORT CO., LTD.
_____ に引き渡すようお願い致します。

（荷受人　＝　ALSO NOTIFY PARTY）
　　　（輸入者）

（銀行署名）
_____

（信用状発行銀行
銀行名、支店名、部署名）

航空貨物到着案内の例

XYZ AIR FORWARDING CO., LTD. 東京都○○区　○○○町　×××	**XYZ**

ARRIVAL NOTICE

お客様名		
JAPAN IMPORT CO., LTD. 御中 (HAWB の受荷主である輸入者)	日付	**20XX 年○月○日**
	ご担当者名	○○　　様
○○○　　　　　様	TEL	**03-XXX-XXXX**
	FAX	**03-XXX-XXXX**
	E-MAIL	○○○○@xxx.com

毎度ご利用いただきありがとうございます。（フォワーダーから各受荷主への到着案内）
貴社宛の輸入航空貨物が到着致しましたので、以下の通りご案内申し上げます。

AIR WAYBILL 番号	個数（NUMBER OF PACKING）	重量（KG）
XYZ-9999xxxx （HAWB 番号）	**2（TWO）**	**15.5**

ご連絡事項

送付書類 　　　　　　　通関

- ☑ AIR WAYBILL 　☑ 輸入通関の指示をお願い致します。
- ☑ INVOICE 　　　☐ 輸入通関の手続きに入ります。
- ☑ PACKING LIST 　その他
- ☐ BANK RELEASE 　☐ 商品説明をお願い致します（税関対応のため）。
- ☐ 検疫証明書 　　☑ 納品先のご指示をお願い致します。
- ☐ その他 　　　　☐ 銀行手続き (BANK RELEASE) をお願い致します。

通関予定日	納品予定日	**XYZ AIR FORWARDING** 航空事業部 **輸入サービスチーム** 担当　**H.YOSHII**
		TEL　○○○-○○○○ FAX　△△△-△△△△ E-MAIL **XXX@xxx.com**

貨物引渡指図書の例

AIR CARGO　貨物引渡指図書
DELIVERY ORDER

AIR CARGOインターナショナル
成田市成田国際空港内
（航空会社または代理店）

日 付 **XX/07/07**
年／月／日

荷受人／CONSIGNEE:

XYZ AIR FORWARDING CO., LTD.

（MAWB の受荷主であるフォワーダー）

Y.S

運送状番号 AIR WAYBILL NO.	個 数 PIECES	重 量 WEIGHT	内 容 品 CONTENTS
618-XXXXXXXX (MAWB番号)	**2**	**15.5**	**MACHINE PARTS**

到着便名 ARRIVAL FLIGHT	到着日 ARRIVAL DATE	荷送人名／住 所 SHIPPER/ADDRESS
SQ 012	**7/JUL.**	△△△ **MACHINERY CORP. XXX, SINGAPORE**
（航空便名）	（到着日）	（輸出者）

輸入通関業者 CUSTOMS BROKER　**NARITA**
MLC

当指示書と引き換えに上記貨物を引渡してください。

貨 物 受 取 書

DELIVERY RECEIPT

上記の貨物を外装上異常ないものとして受け取りました。
THE ABOVE MENTIONED GOODS WERE RECEIVED BY THE UNDERSIGNED IN
GOOD ORDER AND CONDITION.

☐ 貨物受取時、内容点検実施明細書作成

月／日	時 刻	署 名
／	：	

33 複合一貫輸送とは　　複合一貫輸送

複合一貫輸送は陸・海・空など複数の手段で輸送する方法です。

✪ 複合一貫輸送のしくみ

複合一貫輸送（Combined Transport、Multimodal Transport）とは、船や航空機、貨車、トラックなど複数の輸送手段にまたがる輸送を１つの契約として引き受ける輸送契約のことです。

輸出入者にとっては、輸送の始点から終点までを継ぎ目なく契約することで、輸送接続地点でのさまざまなリスクを回避することができるメリットがあります。

複合一貫輸送は、コンテナ貨物の増加とともに一般的になり、現在はコンテナ貨物以外でも行われています。

複合一貫輸送の引受人（Multimodal Transport Operator）は、船会社、商社、倉庫会社、海貨業者、フォワーダーなど貿易取引の輸送に携わる企業が行っています。その一方で、自らは輸送手段を持たずに、運送人として複合一貫輸送契約を結び複合運送証券を発行する輸送人のことを、NVOCC（Non Vessel Operating Common Carrier）と呼びます。

✪ 複合運送証券

複合運送証券（Combined Transport B/L）とは、陸・海・空の輸送手段を２つ以上組み合わせた、複合一貫輸送を引き受ける輸送人が発行する有価証券で、貨物の荷受地から荷渡地までの全区間の輸送責任を負います。

ICC（国際商業会議所）は、国際連合貿易開発会議（UNCTAD）と協同して、「UNCTAD/ICC複合運送書類に関する規則」を1992年に制定しました。

複合運送証券の例

JSE-CT B/L (Published October 1986 and amended May 1993, March 1995, September 2004 and April 2008 by the Documentary Committee of the JSE)		NEGOTIABLE **COMBINED TRANSPORT BILL OF LADING**	CT B/L No. AA00123xx

Shipper　(Shipper's Reference No.)

Japan Export Co., Ltd.
1-XX Nihonbashi, Chuo-ku
Tokyo, 103-00XX, Japan
（荷主と住所）

（複合運送証券番号）

Consigned to the order of

Mexican Import Company
XXX Mexico City, Mexico
（荷受人と住所）

RECEIVED by the Carrier the Goods stated below in apparent good order and condition unless otherwise noted, for transportation from the place of receipt to the place of delivery, subject to the terms and conditions provided for on the face and back hereof.
One of the original Bills of Lading must be surrendered duly endorsed in exchange for the Goods or delivery order.
IN WITNESS whereof, the number of original Bills of Lading stated below have been signed, one of which being accomplished, the other(s) to be void.
(Terms of this Bill of Lading continued on the back hereof.)

Notify Party

Mexican Import Campany
xxx Mexico City, Mexico
Tel : 52-55-XXXX-XXXX
Fax 52-55-0000-XXXX　（到着案内送付先）

For delivery of the Goods please apply to:

Place of Receipt YOKOHAMA, CY（受取場所）	Port of Loading YOKOHAMA, JAPAN（船積港）
Ocean Vessel AAA EXPRESS（本船名）	Voy No. 001
Port of Discharge MANZANILLO, MEXICO.（仕向港）	Place of Delivery AGUASCALIENTES DOOR, MEXICO（最終仕向地／引渡場所）

Container No.	Seal No. Marks and Numbers	No. of Containers or Pkgs	Kind of Packages; Description of Goods	Gross Weight	Measurement
MEXICAN IMPORT COMPANY MANZANILLO, MEXICO. STAINLESS STEEL PIPE C/NO, 1-50 MADE IN JAPAN （荷印）		1 CONTAINER (50 BUNDLES) (4,500 PIECES) （数量）	STAINLESS STEEL PIPE （商品名）	(KGS) 12,020 （総重量）	(M3) 21.010 （容積）
CONTAINER NO/SEAL NO. TXXXX1234567/ABC00001 （コンテナ番号／シール番号）			' FREIGHT PREPAID' （運賃支払条件）		

Particulars Furnished by Shipper

Total number of Containers or other Packages or Units (in words)	TOTAL : ONE (1) CONTAINER ONLY（コンテナ本数）

Merchant's Declared Value (See Clauses 8 & 19):	Note: The Merchant's attention is called to the fact that according to Clauses 8 & 19 of this Bill of Lading the liability of the Carrier is, in most cases, limited in respect of loss of or damage to the Goods.

Freight and Charges	Revenue Tons	Rate	Per	Prepaid	Collect
		FREIGHT AS ARRANGED （運賃表示）			

Exchange Rate	Prepaid at TOKYO, JAPAN（運賃支払地）	Payable at	Place and Date of CT B/L issue TOKYO JUNE 29, 20XX（発行場所と日付）
	Total prepaid in local currency	No. of original CT B/L THREE (3)（正本の部数）	SIGNATURE as the Carrier XYZ LOGISTICS CO., LTD. AS CARRIER

LADEN ON BOARD THE OCEAN VESSEL

Date　JUNE 29, 20XX（船積日）　By

by　*Y. E...*

（輸送人署名）

An enlarged copy of back clauses is available from the Carrier upon request.

141

CHAPTER 5

第 **5** 章

通関にかかわる
書類

1 通関手続きとは

輸出入者は税関への申告と審査を経て輸出入許可を取得します。

☆ 通関手続きと税関システム

　貿易貨物を輸出入するには、税関に輸出入の申告を行い、税関による書類審査と、税関の判断によって現物検査を受けた後、輸出入許可を得る通関手続きをする必要があります。

　通関手続きは輸出入者自らが行うこともできますが、一般的には通関関連法規や諸手続きに精通している通関業者に業務を委託する、代理申告の方法が採られています。

　日本の税関での通関手続きは、ナックス（NACCS）と呼ばれる税関システムによって処理が行われます。

　ナックスは、税関と通関業者、輸出入者、船会社、航空会社、銀行、海貨業者などの関係者をつなぐネットワークシステムを利用して、輸出入通関や行政機関の許認可の手続き、船積指図の登録、関税納付などを効率的に処理しています。

　ナックスは、「輸出入・港湾関連情報処理システム」（Nippon Automated Cargo And Port Consolidated System）の略称です。

☆ 通関業者と海貨業者

　通関業者（Customs Broker）は、通関業法にもとづいて税関長の許可を得た業者で、事務所に通関士を配置し、委託者の申告内容を精査したうえで、税関への申告を代行します。通関業者は事務所の端末からナックスシステムにアクセスして通関手続きを行います。

　多くの通関業者は、港湾地区での荷捌きを行う海貨業者も兼業しているので、輸出者は貨物の搬入、通関、船積みの一連の港湾地区での作業をまとめて海貨・通関業者に委託して、効率よく船積み作業などに対応しています。

通関の流れ

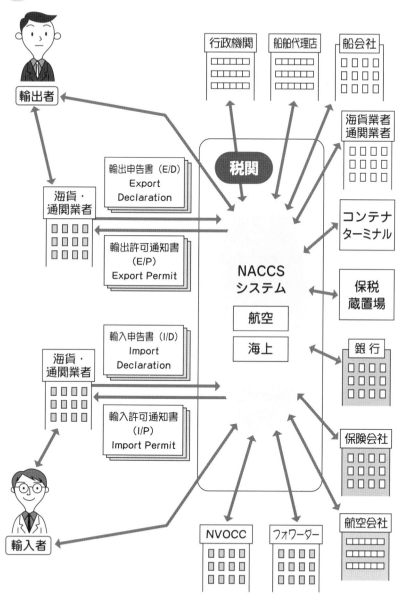

2 輸出通関の船積依頼書とは

船積依頼書は輸出者が通関と船積依頼をするための指示書です。

✿ 船積依頼書

船積依頼書（S/I: Shipping Instruction）は、輸出者が海貨・通関業者宛てに出す業務指示書で、通関と船積みを的確に行うための情報を記載します。主な指示内容としては、次の項目があります。

①契約に関する情報

輸出者、輸入者、商品名、数量、重量、価格、取引条件などです。

②船積みに関する情報

船積予定本船、船積港、船積予定日、貨物の搬入場所、仕向地など。

③書類作成に関する情報

船荷証券の記載事項（受荷主、到着案内送付先、運賃記載方法など）。

輸出者は、船積依頼書とインボイス、パッキングリスト、および輸出規制品目の場合は関係省庁から取得した輸出許可・承認証（E/L→P55）など、輸出通関に必要な書類を海貨・通関業者に送付します。

S/I情報はナックスのACL業務（→P90）によるデータ送信も行われ、下流に位置するB/I（→P90）にもB/L情報が共有されます。

✿ 輸出申告を行う場所

税関への輸出申告は、従来は保税地域に貨物を搬入した後に行うのが原則でしたが、関税法改正（平成23年）により、保税地域搬入前にできるようになりました。ただしその後、税関検査を受けたり輸出許可を得るために、貨物をCYなどの保税地域に搬入する必要があります。

一般的に利用されている保税地域には、コンテナヤード（CY）やコンテナフレートステイション（CFS）、船会社の保税上屋、海貨・通関業者が港湾地区に所有する保税倉庫、フォワーダーの保税倉庫、航空会社の貨物ターミナルなどがあります。

船積依頼書の例

Japan Export Co., Ltd. 1-XX Nihonbashi, Chuo-ku Tokyo, 103-00XX, Japan			**JE**	
SHIPPING INSTRUCTION				
BOOKING INFORMATION		DATE	JUNE 15, 20XX	
TO	YASUDA LOGISTICS CORP. （海貨・通関業者）	BOOKING NO.	ABC0001 （ブッキング確認番号）	
VESSEL	ABC SONATA （本船名）	VOYAGE NO.	111 （航海番号）	
SHIPPING AGENT	ABC AGENCY （船会社代理店）	CARRIER	ABC CONTAINER LINE （船会社）	
FROM	YOKOHAMA （船積港）	E.T.A./E.T.D.	JUNE 26/27 （到着／出港予定日）	
TO	ROTTERDAM （仕向港）	VIA	経由港 （もしあれば）	
CONDITION (FCL OR LCL)	FCL （FCL 貨物か LCL 貨物）	FINAL DESTINATION	最終仕向地 （もしあれば参考情報）	
CONTAINER TYPE	20 FEET DRY （コンテナの種類）	UNITS	1 （コンテナの本数）	
FROM	YOKOHAMA CY （コンテナ受取場所）	CUT DATE/TIME	JUNE 25, 16:30 （コンテナ搬入締切日時）	
TO	ROTTERDAM CY （コンテナ引渡場所）	OTHERS	（その他特記事項）	
COMMODITIY	GRINDING MACHINE （商品）	PACKING	IN WOODEN BOX （梱包）	
QUANTITIY	3 UNITS （数量、重量）	INVOICE NO.	JE0000111 （インボイス番号）	
B/L INSUTUCTION （船荷証券に関する指示）				
B/L SHIPPER	Japan Export Co., Ltd. （荷主欄の記載）	CONSIGNEE	Euro Trading Corp. （受荷主欄の記載）	
NOTIFY PARTY	Euro Trading Corp. xxxx, Rotterdam Netherland （到着案内送付先）	B/L ISSUED	3 ORIGINAL 3 COPY （作成部数）	
		FREIGHT MARKED	FREIGHT PREPAID （運賃表示）	
B/L MUST SHOW	INVOICE NO.JE0000111 （B/L に記載するべき事項に関する指示）			
SPECIAL CONDITION	（その他、特別な指示があれば記載する）			
JAPAN Export Co., Ltd. XXX XXXXXX　　　担当者、連絡先など TEL FAX　　　　　　　　　　　　E-MAIL				

3 輸出許可取得の流れ

輸出者が行う輸出申告から許可取得までの流れは次のとおりです。

✪ 輸出申告から許可までの基本的な流れ

①海貨・通関業者は、輸出者から受け取った船積依頼書やインボイスの情報から輸出申告に必要な項目をナックスの端末に入力して、税関に輸出申告（E/D: Export Declaration）をします。

②税関はナックスの端末から入力された申告データを審査し、「1. 簡易審査」「2. 書類検査」「3. 現物検査」の区分判定を行います。この判定結果は、申告後すぐにナックスの端末で確認できます。

③区分判定が「1. 簡易審査」の場合は、その時点で輸出通関手続きは完了し、輸出許可通知書（E/P: Export Permit）はナックスの端末から出力できます。海貨・通関業者は、輸出許可通知書にインボイスと他の必要添付書類を添付して期日内に税関に提出します。

④区分判定が「2. 書類審査」の場合、海貨・通関業者は端末に出力される輸出申告の控えに、インボイスなどの必要書類を添付して税関に提出し、書類審査を受けます。税関は、書類審査を実施した後、輸出許可あるいは現物検査実施の判定を行います。

⑤区分判定が「3. 現物検査」の場合は、書類審査と現物検査が行われます。どの判定の場合も、税関の許可後に、輸出許可通知書がシステム端末に送られます。

⑥海貨・通関業者は、輸出許可通知書を印刷して輸出者に送付します。輸出許可通知書（E/P）に記載される主要事項は、次のとおりです（→P150）。

・税関に関する情報……申告税関、申告日、申告番号など。

・輸出者や輸入者に関する情報……名前、住所など。

・商品に関する情報……商品名、数量、重量、価格など。

・輸送に関する情報……海上か航空の区別、本船（航空便）名。

・許認可に関する情報……輸出承認証番号（→P54）など。

● 輸出通関の流れ

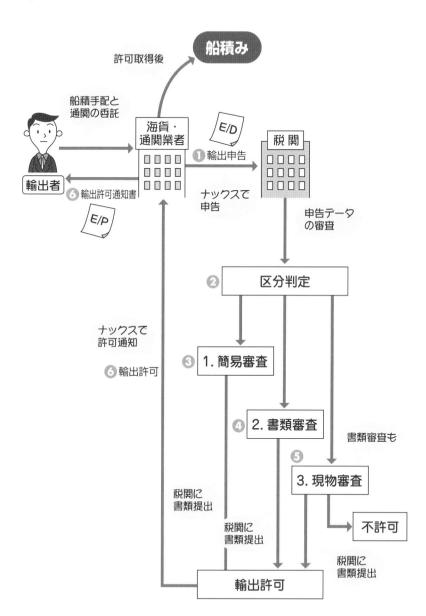

輸出許可通知書（ナックスのプリントアウト）の例

| 〈SEA/EXP〉 | | | **輸出許可通知書（大額）** | | | | 1/1 〈EXP〉 |

代表統番	申告種別	区分	あて先税関	提出先	申告年月日		申告番号
8461	**LEA**	**1**	○○	**01**	**20XX/6/23**		**123 456 XXYY**

（輸出申告情報）　　　　　　　申告条件 [　]　　　　　　　　　搬入 [　]

輸出者　**P001DAXX JAPAN EXPORT CO., LTD.**　　（輸出者情報）
　　住所　**103XXXX**　　　　　**TOKYO TO**　　　**CHUO KU**
　　　　　　　　　　　　　　　NIHONBASHI 1-XX
　　電話　**035204XXXX**
税関事務管理人
　　仕向人　　　　　　**EURO TRADING CORPORATION**　　（輸入者情報）
　　住所　　　　　　　**XXXX ROTTERDAM, NETHERLAND**　　　　国コード　　**NL**
　　代理人　**1TYSD**　　**YASUDA SOKO CO., LTD.**　　（通関業者情報）　通関士コード　　**12XX**

輸出管理番号	**00011XXXX**	貨物個数		**3**	**CS**	（船積情報）
AWB 番号		貨物重量		**13.150**	**TNE**	
		蔵置税関	**1FW46**	**KOKUSAI SI**		

最終仕向地　**NLROT　ROTTERDAM**　　事前検査済貨物等識別 [　]
積込港　　　**JPYOK　YOKOHAMA**　　　貿易形態別符号　　　　**518**　　調査用符号
積載予定船（機）名　**9999**　　**ABC SONATA**
出航予定年月日　**2009/6/28**　　　船積（搭載）確認（関税 [　] 内国消費税 [　] その他 [　]）
記号番号　**EURO TRADING CORPORATION ROTTERDAM GRINDING MACHINE WITH**
　　　　　ACCESSORIES C/NO 1/3 MADE IN JAPAN

輸出承認証等区分 NO		仕入書番号	**AA123XX**
輸出承認番号等	(1) 　（輸出許認可情報）	仕入書番号（電子）	（契約・価格情報）
	(2)	仕入書価格	**CIF－ USD－　　50,000.00-A**
	(3)	FOB 価格	**USD－　　40,000.00**
	(4)	通貨レート	**USD－96.50**
	(5)	BPR 合計	

バンニング　場所　**1TY00**　　　　　　　　　　　構成　　**1** 枚　　**1** 欄
　　　　　　　　　AAA-BBBB　　（コンテナ情報）

　　　　　住所

コンテナ本数　　　**本**
記事（税関）
記事（通関）　　（関係者照会用情報）
記事（荷主）
荷主セクションコード　**JPEX**　　荷主 Ref No.　**JEXXXX**
社内整理番号　**09001XX**　利用者整理番号　**00ZZZZ**　輸出者（入力）　　　**XXXXXX**

150

輸出許可通知書（ナックスのプリントアウト）の例（つづき）

税関通知欄
　　関税法67条の規定により、あなたが申告した貨物の輸出を許可します。

　　（輸出許可情報）

　　許可年月日　　　　　　**20XX/06/24**　　　　　　　　○○税関支署長
　　保税運送承認機関　　　**20XX/06/24~20XX/06/30**

（注）　この申告に基づく処分について不服があるときは、その処分があったことを知った日の
　　　　翌日から起算して2月以内に税関長に対して異議申立てをすることができます。

〈01　欄〉　統合先欄　　　　　　　　　　　　　　　　　　　　　価格再確認 [　　]

　　品名　　　　　　　**GRINDING MACHINE**　　統計品目番号　　**8461.20-000 4**
　　申告価格（FOB）　　**¥3,860,000**　　　　数量（1）　　　**3 UNITS**
　　　　　　　　　　　　　　　　　　　　　数量（2）
　　　　　　　　　　　　　　　　　　　　　BPR按分係数
　　　　　　　　　　　　　　　　　　　　　BPR金額　　　　　-

　　関税法70条関係　（1）　　　（2）　　（3）　　（4）　　（5）　　輸出令別表　　　外為法第48条
　　減免戻税条項符号　　　　　　　　　　（法）　　　　　　　　　　　（令）
　　内消費税免税符号　　　-

4 特別な輸出通関手続きとは

輸出通関手続きには保税地域外や搬入前に申告できる制度があります。

✪ 保税地域外などでの輸出通関

輸出申告は、CYなどの保税地域搬入前に行うこともできますが、必要な税関検査や輸出許可は貨物を保税地域に搬入後に行われるのが原則です。ただし、税関長の許可を得て次のように保税地域外でも検査を受けたり輸出許可を得られる制度が設けられています。

①他所蔵置

巨大重量物や危険品など、保税地域への搬入が不適当を判断される貨物に適用され、保税地域外において指定地外検査を受け輸出許可を得ることができる制度です。

②本船扱い・艀中扱い

バラ貨物などをはしけ輸送で本船に横付けして直接本船に積み込む場合に、はしけ上あるいは本船積込後に本船上で必要な検査を受けて輸出許可を得ることができる制度です。

✪ 保税運送

保税運送（Transportation in Bond）とは、輸出通関済みの貨物を他の保税地域に回送する際に必要な手続きで、陸路保税運送（OLT: Overland Transportation）、空路保税運送、海路保税運送、あるいはその組み合わせで行われます。

✪ 特定輸出申告

特定輸出申告とは、貨物を保税地域に搬入することなく輸出申告ができて、許可も下りる制度です。ただし、この申告制度は、コンプライアンスに優れた輸出者として、税関から認定を受けた特定輸出者が利用できるものです（→P164）。

通関手続き

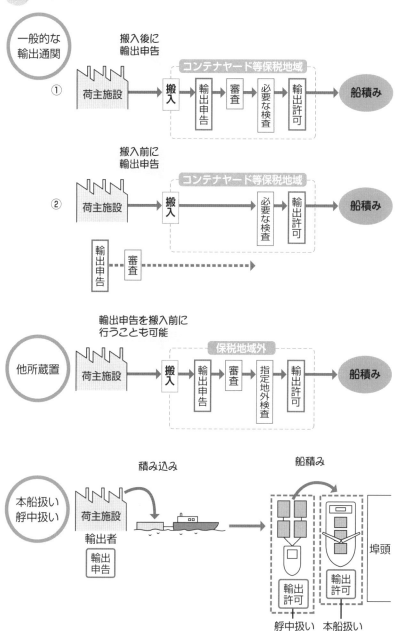

5 輸入許可取得の流れ

輸入者が行う輸入申告から許可取得までの流れは次のとおりです。

☆ 輸入申告から許可までの基本的な流れ

①海貨・通関業者は、輸入者から受け取ったインボイス、船荷証券の
コピー、運賃や保険料明細書などから、輸入申告に必要な事項を
ナックスの端末に入力して、税関への輸入申告（I/D: Import
Declaration）をします。

②税関は入力された申告データをシステムで審査し、「1. 簡易審査」
「2. 書類検査」「3. 現物検査」の区分判定を行います。この判定
結果は、申告後すぐにナックスの端末で確認できます。

③区分判定が「1. 簡易審査」の場合は、輸入者が関税などの納税を
行えば輸入通関は完了し、輸入許可通知書（I/P: Import Permit）
はナックスの端末から出力できます。輸入者が銀行自動引き落とし
や納期限延長の納税手続きを事前にしていれば、輸入許可はすぐに
出されます。海貨・通関業者は、輸入許可通知書にインボイスなど
の通関書類を添付して、税関に指定期日内に提出します。

④区分判定が「2. 書類審査」の場合、海貨・通関業者は輸入申告控
えにインボイスなどの必要書類を添付して税関に提出し、書類審査
を受けます。税関は、書類審査を実施した後、輸入許可あるいは現
物検査実施の判定を行います。

⑤区分判定が、「3. 現物検査」の場合は、書類審査と現物検査が行
われます。どの判定の場合も、審査が通って納税を完了したら、輸
入許可通知書がナックスの端末から出力できます。

⑥海貨・通関業者は、ナックスの端末上で出力された輸入許可通知書
をプリントアウトし、輸入者に送付します（→P156）。

輸入通関の流れ

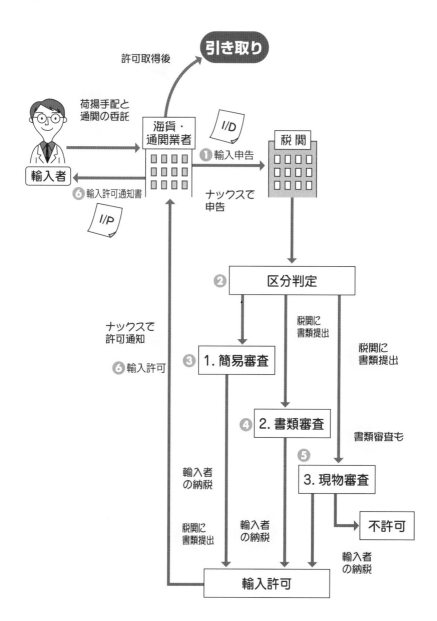

輸入許可通知書（ナックスのプリントアウト）の例（1枚目）

〈SEA/IMP〉　　　　　　　　　　**輸入許可通知書**　　　　　　　1 / 2

代表統番	申告種別	区分	あて先税関	部門	申告年月日	申告番号
7220L	**IC**	**1**	○○	XX	**20XX/7/30**	**111-2345-XXXX**

（輸入申告情報）　申告条件 [　]　　　　　　申告予定年月日　　**20XX/7/30**　本申告 [　]

輸　入　者　**P0001DAXX-0000　JAPAN IMPORT CO., LTD.**
住　　所　**103XXXX　　TOKYO TO CHUO KU**
　　　　　　NIHONBASHI 1-XXXX　　（輸入者情報）
電　　話　**03XXXXYYYY**
税関事務管理人
輸入取引者
仕　出　人　　　　**PQR STEEL QINGDAO LTD.**　（輸出者情報）
住　　所　　　　**XXX, QINGDAO CHINA**　　　　　　国コード **CN**
　　　　　　　　　　　　　　　　　　　　（通関業者情報）
輸出の委託者
代　理　人　**1TYSD　YASUDA SOKO CO., LTD.**　通関士コード **XXXX**　検査立会人

B／L番号	(1) **11ABCDXXXX**	蔵置税関	**XX-XX**	貨物個数	**7 PS**
	(2)	保税地域	**5XX12**	貨物重量	**30,973,000KGS**
	(3)			コンテナ本数	**2** 本
（船積情報）	(4)	最初蔵入年月日		一括申告 [　]	
	(5)	貿易形態別符号 **518**		調査用符号	

船　卸　港　**JPNGP NAGOYA - AICHI**　記号番号　**XXX-7**
積　出　地　**CNTAO QINGDAO**
積載船（機）名　**AAAA AKY XXXX**
入港年月日　**20XX/7/30**

貿易管理令 [　]　輸入承認証 [　]
関税法70条関係許可承認
共通管理番号　　　　　　　　　　（輸入許認可情報）
食品　　　　　　　-
植防　　　　　　　-
動検　　　　　　　-
輸入承認証番号等 (1)
　　　　　　　　(2)
　　　　　　　　(3)
　　　　　　　　(4)
　　　　　　　　(5)

仕入書番号　　**B**　　**JI00001111**
仕入書番号（電子）　　　　　　　（契約・価格情報）
仕入書価格　**A**　**FOB-USD**　　**90,677.92**
運賃　　　　**A**　**JPY**　　　　　**124,150**
保険　　　　**A**　**JPY**　　　　　　**34,074**
通関金額　　　　**USD**　　　　　**90,677.92**
評価　　　　　　**0**
補正
事前教示（評価）1　　2
BPR合計　　　　　　　**90,677.92**　計算 [　]
原産地証明 [　]　戻税申告 [　]　内容点検結果 [　]

	税科目	税額合計	欄数
D	関税	**0**	**0**
F	消費税	**¥339,900**	**1**
A	地方消費税	**¥84,900**	**1**
	（課税情報）		

通貨レート　USD　**91.98**
納税額合計　　**¥424,800**
担保額
納期限延長　　[　]　都道府県 **23**　BP申請事由
口座　　　　　[**C**]　　　　　　石油承認
納付方法　　　[　]　　　　　　たばこ登録
　　　　　　　　　　　構成 **1** 枚 **1** 欄

記事（税関）

記事（通関）　**XXXX1234**　（関係者照会用情報）　利用者整理番号　**00XXX**
記事（荷主）　**JIXXXX11**　　　　　　　　　　社内整理番号　**ABCDXXX**
荷主セクションコード　**JIMP**　荷主 Ref No.　**JIXXX**　利用者整理番号　**JIMPXX**

［税関通知欄］
　関税法第67条の規定により、あなたが申告した貨物の輸入を許可します。（輸入許可情報）
　　　　　　　　　　　　　　　　　　　○○税関支署長
　輸入許可日　**20XX/7/31**　審査終了日　**20XX/7/31**　事後審査
　次の法の規定により納期限を延長します。　　　　　　延滞税合計
　　関税　**9の2-2**　　　消費税　**51-2**　　地方税　**72の103**
　納期限延長科目及び納期限日
　　D　関税　　　　　　　　　　　　　F　消費税
　　A　地方消費税

（注）この申告に基づく処分について不服があるときは、その処分があったことを知った日の翌日から
　　起算して2月以内に税関長に異議申立てすることができます。
（注）この申告による課税標準又は納付すべき税額に誤りがあることがわかったときは、修正申告又は更正の請求
　　をすることができます。なお、輸入の許可後、税関長の調査により、この税額等を更正することがあります。

輸入許可通知書（ナックスのプリントアウト）の例（2枚目）

輸入許可通知書（つづき）

2 / 2

代表統番	申告種別	区分	あて先税関	部門	申告年月日	申告番号
7220L	**IC**	**1**	○○	**XX**	**20XX/7/30**	**111-2345-XXXX**

〈01 欄）統合先欄
品名　　　　**STAINLESS STEEL COIL**
税表番号　　**7220.90**
申告価格（CIF）　**¥8.498,779**

品目番号　　**7220.90-000 Y**　価格再確認［　］
数量（1）　　　**30.973.000KGS**
数量（2）
課税標準数量

関税率　　　**G FREE**　　　（課税情報）
関税額　　　　　　　**¥0**
減免税額

輸入令別表　　　　　　　特恵［**P**］
BPR 按分係数
BPR 金額　　　　　**90,677.92**
蔵置種別［　］　運賃按分［　］　原産地　**CN CHINA**
欠減控除数量

減免税　　　　法
　　　　　　　令
　　　　　　　別表

― 内国消費税等（1）　**消費税**　　　種別　**F1**
　課税標準額　**¥8,498.779**　　課税標準数量

　税率　　　**4%**
　税額　　　　　**¥339,920**　　減免税
　減免税額　　　　　　　　　条項

― 内国消費税等（2）　地方消費税　　種別　**A1**
　課税標準額　**¥339,920**　　課税標準数量

　税率　　　**25%**
　税額　　　　　**¥84,975**　　減免税
　減免税額　　　　　　　　条項

― 内国消費税等（3）　地方消費税　　種別
　課税標準額　　　　　　　課税標準数量

　税率
　税額　　　　　　　　減免税
　減免税額　　　　　　　条項

6 関税評価制度とは

輸入商品に課せられる関税は輸入港到着価格をもとに計算されます。

☆ 関税評価のしくみ

　関税評価とは、課税価格を法令に従って算出することです。輸入する商品に課せられる関税は、課税価格（輸入商品の価格）に関税率を乗じて算出することができます。日本の場合、課税価格は輸入港到着価格、すなわちCIF価格またはCIP価格が原則となっています。

　したがって、例えばFOB契約など他の取引条件で輸入した場合は、インボイス上の取引価格には含まれていない運賃と保険料を加算して、課税価格を算出します。

　関税評価は加算するだけでなく、輸入港到着後の内陸輸送費など日本国内で発生した費用が減額されるなど、減算されることもあります。

☆ 評価申告のしくみ

　関税評価に際して、インボイスや運賃と保険の明細書などの添付書類で簡潔に説明できない加算・減算要素がある場合、例えば輸入者が無償で提供した材料や別途支払った手数料など本来その商品の価格に含まれているべき費用がある場合は、税関に評価申告書を提出して、加算・減算要素を申告します。

　評価申告には、輸入申告ごとに行う「個別申告」と、継続的な取引の場合に一定期間適用を受ける「包括申告」があります。

☆ 関税評価の事前教示制度

　輸入を予定している商品の関税評価の方法に不明点があれば、税関の解釈を事前に文書で照会すれば回答をもらえる「事前教示制度」があります。輸入者はこの制度を利用することで、原価計算の精度を上げることができます。

関税評価とは

課税価格の算出

| 課税価格 | = | インボイス価格 | + | 加算要素 | − | 減算要素 |

・インボイス価格に含まれていない輸入港到着までの輸送費や保険料
・仲介料その他の手数料（買付手数料を除く）
・輸入貨物の容器や包装の費用
・輸入者が無償または値引きをして提供した物品または役務の費用

・インボイス価格に含まれている輸入港到着以降に発生する国内輸送費や保険料
・インボイス価格に含まれている日本の関税など

課税価格の算出例

日本国内で発生した

| 課税価格 | = | FOB価格（インボイス価格） | + | 運賃保険料 | − | 国内輸送費など |

インボイスFOB価格

+

海上運賃明細書

保険料明細書

−

国内輸送費明細書

159

7 関税率のしくみ

輸入商品に課される関税率は実行関税率表を見ればわかります。

☆ 関税率の見方

　日本の関税率は、税関のHPに掲載されている実行関税率表で閲覧できます。実行関税率表は、次ページのサンプル表のように縦軸に品名と税表番号、横軸に関税の種類が記載されています。

　貿易取引で取り扱われる商品は、H.S.条約（1988年発効の商品分類に関する条約で、H.S.はHarmonized Systemの略）と呼ばれる国際条約により、10桁の数字で表示され、最初の6桁が世界共通の番号、下4桁は各国の裁量で自由に使用できます。日本の税表番号(税番)は、H.S.Code番号6桁に続いて3桁の細分番号を追加して作成されています。10桁目はNACCSで使用しています。

☆ 関税率の種類

　日本の関税率は、国内法で定められた「国定税率」と、条約で定められた「協定税率」に分類されます。国定税率には、長期的に適用される「基本税率」、一時的に適用される「暫定税率」、開発途上国からの輸入品に適用される「特恵税率」があります。協定税率には、WTO協定にもとづく税率と、EPA（経済連携協定）にもとづく税率があります。適用される優先順位は、①特恵税率、②協定税率、③暫定税率、④基本税率の順となっています。

☆ 関税率の事前教示制度

　輸入を予定している商品が、関税率表のどの番号に該当するか、またどの関税率が適用されるかなどについては、事前に税関に照会することができる「事前教示制度」があります。輸入者は、この制度を利用して事前に税率を確認しておくと、原価計算の精度を上げるとともに、輸入申告時の税関審査を円滑に進めることができます。

実行関税率表の例

統計番号 番号 H.S.code	統計番号 統計細分 Statistical code	品名 Description	関税率 基本 General	関税率 暫定 Temporary	関税率 WTO協定 WTO	関税率 特恵 GSP	関税率 特別特恵 LDC	EPA シンガポール Singapore	EPA メキシコ Mexico	EPA マレーシア Malaysia	EPA チリ Chile	EPA タイ Thailand	EPA インドネシア Indonesia	EPA ブルネイ Brunei	EPA アセアン ASEAN	EPA フィリピン Philippines	EPA スイス Switzerland	EPA ベトナム Viet Nam	EPA インド India	EPA ペルー Peru	EPA 豪州 Australia	EPA モンゴル Mongolia	TPP11 (CPTPP)	欧州連合 EU	英国 UK	関税率 日EU暫定 US◆1	単位 Unit I・II	他法令 Law I・II
07.01		ばれいしょ（生鮮のもの及び冷蔵したものに限る。）																										
0701.10	000	種ばれいしょ	5%		3%			無税		無税	無税	無税	無税	無税	無税	無税	無税	無税	無税	無税	無税	無税	無税	無税	無税		MT	FD PL
0701.90	000	その他のもの	5%		4.3%	無税	無税	無税		無税	無税	無税	無税	無税	無税	無税	無税	無税	無税	無税	無税	無税	無税	無税	無税		MT	FD PL
07.02		トマト（生鮮のもの及び冷蔵したものに限る。）																										
0702.00	000	トマト	5%		3%	無税	無税	無税		無税	無税	無税	無税	無税	無税	無税	無税	無税	0.3%	0.3%	無税	1.1%	無税	無税	無税	無税	KG	FD PL
07.03		たまねぎ、シャロット、にんにく、リーキその他のねぎ属の野菜（生鮮のもの及び冷蔵したものに限る。）																										
0703.10		たまねぎ及びシャロット																										
	011	たまねぎ	10%		8.5%			1.1%	無税	0.5%又は（73.70円—課税価格）×1/16/kgのうち低い税率	1.1%	無税	1.6%	1.6%	5%		2.1%	2.1%	3.2%	0.8%	無税	4.6%	4.2%	4.3%	4.3%	4.2%	KG	FD PL
	012	一 課税価格が1キログラムにつき67円以下のもの	（73.70円—課税価格）/kg					1.1%又は（73.70円—課税価格）×2/16/kgのうちいずれか低い税率	無税	0.5%又は（73.70円—課税価格）×1/16/kgのうちいずれか低い税率	1.1%又は（73.70円—課税価格）×2/16/kgのうちいずれか低い税率	無税	1.6%又は（73.70円—課税価格）×3/16/kgのうちいずれか低い税率	1.6%又は（73.70円—課税価格）×3/16/kgのうちいずれか低い税率	5%又は（73.70円—課税価格）×3/16/kgのうち低い税率		2.1%又は（73.70円—課税価格）×4/16/kgのうち低い税率	2.1%又は（73.70円—課税価格）×4/16/kgのうち低い税率	3.2%又は（73.70円—課税価格）×6/16/kgのうち低い税率	0.8%又は（73.70円—課税価格）×1/11/kgのうち低い税率	無税	4.6%又は（73.70円—課税価格）×6/11/kgのうち低い税率	4.2%又は（73.70円—課税価格）×3/6/kgのうち低い税率	4.3%又は（73.70円—課税価格）×3/6/kgのうち低い税率	4.3%又は（73.70円—課税価格）×3/6/kgのうち低い税率	4.2%又は（73.70円—課税価格）×3/6/kgのうち低い税率	KG	FD PL

出所：税関のHP

8 特別な輸入通関手続きとは

予備審査制度など輸入者に便利な制度がいくつかあります。

✪ 予備審査制度

　予備審査制度とは、貨物が日本に到着する前に税関へ輸入申告書類を提出して書類審査を受ける制度のことで、貨物到着後の税関検査の要否通知を事前に受け取ることができます。生鮮食料品や正月用品など納期や商機が限られている商品の場合、輸入者はこの制度を利用して引き取りの準備を効率よく進めています。

✪ 輸入許可前引取承認制度

　輸入許可前引取承認制度（BP: Before Permit）は、税関長の承認のもと、税関の輸入許可前に貨物を引き取ることのできる制度で、関税額に相当する担保の提供を前提としています。

　この制度の適用が認められるのは、危険物や変質のおそれのある商品で貨物を保税地域に留めておくことが適切でないと認められる貨物や、荷揚げ後に数量を確定する契約の商品など、貨物の到着時点では課税価格が確定していない契約の商品に限られます。3カ月以内に輸入者が本申告（IBP: Import Permit of The Goods Delivered Before Permit）を行って関税を納付した後に、輸入許可が下ります。

✪ 納期限延長制度

　輸入申告時に税関に納付する関税や消費税の支払い業務の簡便化として、納期限延長制度が設けられています。

　納期限延長制度は、税額に相当する担保を税関に提出することを前提条件として、関税や消費税の納付を一定期間猶予する制度で、個々の申告ごとに延納する「個別延長方式」、1カ月間の申告をまとめて延納する「包括延長方式」、特例輸入者（→P164）に適用される「特例延長方式」の3種類の方法があります。

特別な輸入通関手続き

予備審査制度

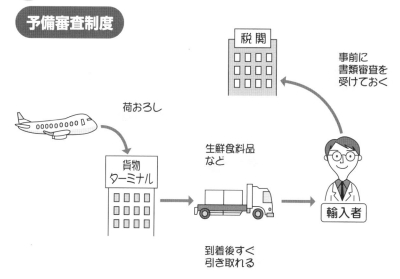

税関

荷おろし

事前に
書類審査を
受けておく

貨物
ターミナル

生鮮食料品
など

輸入者

到着後すぐ
引き取れる

輸入許可前引取承認制度

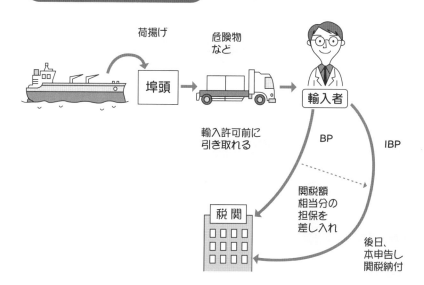

荷揚げ

危険物
など

埠頭

輸入者

輸入許可前に
引き取れる

BP

IBP

関税額
相当分の
担保を
差し入れ

税関

後日、
本申告し
関税納付

9 AEO制度とは

貿易コンプライアンスに優れた企業には優遇措置があります。

✪ AEO制度のしくみ

税関は、貨物のセキュリティ管理と貿易コンプライアンス社内体制が整備されている企業を、AEO（Authorized Economic Operator）事業者として認定し、輸出入通関手続きに優遇措置を与える「特定輸出者制度」と「特例輸入者制度」を設けています。

特定輸出者制度では、特定輸出申告の貨物は、保税地域に搬入する前に輸出通関手続きを行うことができ、また税関審査も優遇されるので、リードタイムの短縮などができるようになります。

特例輸入者制度では、特例輸入者は貨物の到着前に輸入通関手続きを行い、納税申告を通関と分離して後日行うことができます。これにより、貨物を迅速に引き取ることができるようになります。

✪ 認定の手続き

「特定輸出者」や「特例輸入者」の認定は、あらかじめ税関に申請書を提出し、審査を受けて取得します。審査内容は、安全保障貿易管理や通関管理に関する社内体制と規則の整備、貨物の管理状況、帳簿の保管、コンプライアンス社内教育、監査体制など多岐にわたります。認定されているAEO事業者は、税関のHPで閲覧できます。

✪ その他のAEO事業者認定

税関によるAEO事業者認定は、輸出入者だけでなく、通関業者、倉庫業者、運送業者、および製造業者にも拡充されており、「認定通関業者制度」「特定保税運送者制度」「特定保税承認者制度」「認定製造者制度」が設けられています。

特別な通関手続き

特定輸出者制度

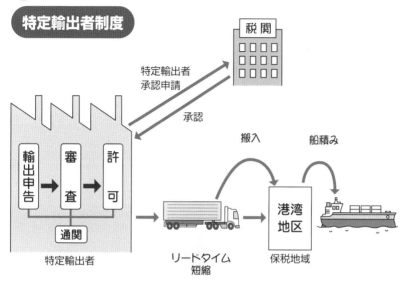

特定輸出者
承認申請

承認

税関

搬入

船積み

輸出申告 → 審査 → 許可

通関

特定輸出者

リードタイム
短縮

港湾地区

保税地域

特例輸入者制度

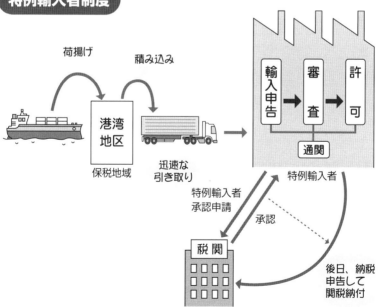

荷揚げ

積み込み

港湾地区

保税地域

迅速な
引き取り

輸入申告 → 審査 → 許可

通関

特例輸入者

特例輸入者
承認申請

承認

税関

後日、納税
申告して
関税納付

特定輸出者承認・認定申請書の例

受理番号　**E308xxxx**

特例輸入者
特定保税承認者
特定保税運送者　　承認・認定　申請書
特定輸出者
認定通関業者

(共通のフォームなので選択)

令和　**X** 年　**Y** 月　**Z** 日

○　○　　　税　関　長　殿

申請者
住　　　　　所　**東京都中央区日本橋 1－XX**
氏名又は名称　**Japan Export Co., Ltd.** 印
(対象事業部門の名称)
電　話　番　号　**03-3262-80XX**
輸出入者符号　**1DAXX**
代表者名 (法人の場合)　**黒岩　章**

代理人
住　　　　　所
氏名又は名称　　　　　　　　　　印

・関税法第 7 条の 2 第 1 項に規定する特例輸入者
・関税法第 50 条第 1 項 (特定保税承認者)
・関税法第 61 条の 5 第 1 項 (特定保税承認者)　　　　の　承認　を受けたいので、下記の
・関税法第 63 条の 2 第 1 項に規定する特定保税運送者　　　認定
・関税法第 67 条の 3 第 1 項に規定する特定輸出者
・関税法第 79 条第 1 項 (認定通関業者)
とおり申請します。

記

1.
・関税法第 7 条の 2 第 1 項に規定する申告の特例の適用を受けようとする
・関税法第 67 条の 3 第 1 項の適用を受けて輸出申告しようとする　　　貨物の品名

鉄鋼製品 (別紙「特定輸出貨物リスト」に掲載)

2.
・関税法第 7 条の 5 第 1 号イからヘまでのいずれか
・関税法第 51 条第 1 号イからハまで (第 62 条において準用する
　場合を含む。) のいずれか
・関税法第 63 条の 4 第 1 号イからホまでのいずれか　　　　に該当する事実の有・無
・関税法第 67 条の 4 第 1 号イからホまでのいずれか
・関税法第 79 条第 3 項第 1 号イからニまでのいずれか

(該当する事実がある場合にはその内容)
該当なし

特定輸出者承認・認定申請書の例（つづき）

税関様式 C 第 9000 号－2

3.　許可を受けている　保税蔵置場
　　　　　　　　　　　保税工場　　の名称及び所在地
　　　　　　　　　　　営業所

該当なし

4.　その他参考となるべき事項

各種資料を
添付する

　1.　会社概況（パンフレット）
　2.　社内の組織図
　3.　役員履歴書
　4.　事業報告
　5.　特定輸出申告を行う予定の官署一覧
　6.　特定輸出貨物リスト
　7.　特定輸出申告を行う場合の貨物蔵地場所一覧
　8.　輸出貨物の積込港（空港）一覧
　9.　輸出貨物の最終仕向国・仕向人
　10.　輸出業務に携わる担当者の一覧
　11.　輸出通関を委託する通関業者の名称、住所、責任者名
　12.　輸出貨物管理を委託している場合、委託先の名称、住所、責任者名
　13.　輸出貨物に係る書類を保存している部門名、保存書類名

5.　申請担当者の氏名、所属及び連絡先

　戎谷　靖延
　Export Dept.　03-3262-XXXX
　　　　　　代理人

出所：税関の HP をもとに作成

CHAPTER 6

決済にかかわる書類

✪ 貿易取引の決済の種類

　貿易取引の決済方法には、銀行を経由した為替を利用する方法と、銀行を経由せずに輸出入者間で相殺する「ネッティング」という方法に大別されます。

　為替のしくみには、輸入者が銀行に送金手続きを行う「送金決済」と、輸出者が銀行に代金の取り立てを依頼する「荷為替手形決済」があります。送金決済は、送金依頼という為替手段と資金の流れが同方向であることから「並為替」または「順為替」と呼ばれます。荷為替手形決済は、荷為替手形によって取り立てを依頼するという為替手段で、資金の流れが逆方向なので「逆為替」と呼ばれます。

①送金決済の特徴

　送金決済（並為替）は、銀行手数料が比較的安いメリットはありますが、船積書類と代金決済の間に関連性がありません。したがって送金決済は、支払いや船積履行で信頼できる企業間での決済方法として主に用いられています。現在は、スイフト（→P172）を使った電信送金が利用されています。

②荷為替手形決済の特徴

　荷為替手形決済（逆為替）は、為替手形（B/E：Bill of Exchange）と船積書類を銀行経由で輸入者に送り、為替手形の決済と引き換えに船積書類を引き渡す方法です。この方法は船積みと決済が関連付けられているため、貿易取引の決済として広く用いられています。荷為替手形決済には、D/P決済、D/A決済、L/C決済の方法があります。

③ネッティングによる相殺決済の特徴

　近年は、債権と債務を相殺して決済するネッティングもグループ企業間の決済方法として定着しています。ネッティングは、銀行手数料の節約や為替リスクの回避として有効な決済方法です。

決済の種類

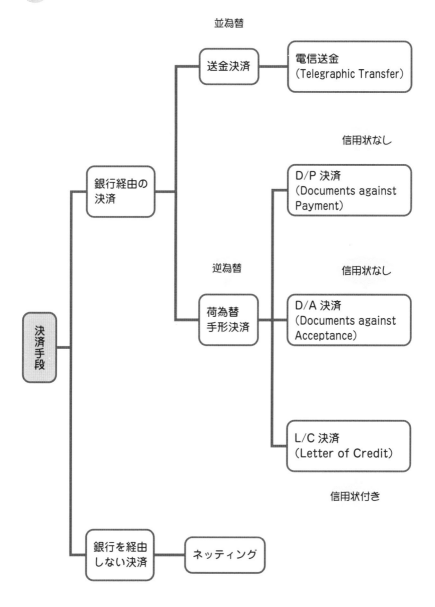

2 送金決済とは

送金決済は郵便送金、電信送金、送金小切手に分類されます。

☆ 送金決済のしくみと流れ

送金決済（Remittance）では、輸入者は送金の「依頼人」、輸出者は「受取人」、送金を行う銀行を「仕向銀行」、受けた送金金額を受取人に支払う銀行を「被仕向銀行」とそれぞれ呼びます。送金決済は、仕向銀行から被仕向銀行への支払指図をスイフト*と呼ばれる銀行間の通信システムを使って送る「電信送金」（Telegraphic Transfer)で行われます。スイフトは、金融機関の間に通信サービスを提供する国際銀行間通信協会で、本部はベルギーにあります。

・電信送金の流れ

①輸出者は、輸入者に請求書を送って支払いを指示します。代金の前払いか後払いかなどの送金時期は、契約時の取り決めに従います。

②輸入者は、送金金額を仕向銀行に支払い、輸出者への送金を依頼します。「送金依頼書」には、送金金額、受取人の名前と住所、被仕向銀行の名称と住所などを記載します。

③仕向銀行は、受取人への支払指図をスイフトで被仕向銀行に伝えます。受取人への支払いは即日です。

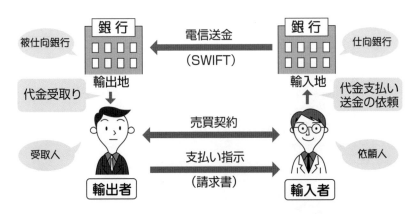

*スイフト：SWIFT (Society for Worldwide Interbank Financial Telecommunication)

外国送金依頼書の例

TT Bank
XXXXX Otemachi, Chiyoda-ku
Tokyo, 100-80XX, Japan

TT Bank

外国送金依頼書　兼　告知書

APPLICATION FOR REMITTANCE WITH DECLARATION

TO **TT BANK**	送金依頼日	**7/15/20XX**

送金方法 (TYPE OF REMITTANCE)	☑ 電信送金（TELEGRAPHIC TRANSFER）
	☐ 送金小切手（DEMAND DRAFT）

支払い方法	☑ 通知払い（ADVISE PAY）	☐ 請求払い（PAY ON APPLICATION）
支払い手数料負担区分	☑ 依頼人負担（APPLICANT）	☐ 受取人負担（BENEFICIARY）
代り金決済方法 (SETTLEMENT)	☑ 円貨払い（SPOT）	☐ 外貨払い（NO EX.）

代り金（口座番号）	**XXXX** （口座番号）（支払方法を記入）
受取人取引銀行 (PAYING BANK)	**RR BANK OF KOREA**
支店名 (BRANCH)	**SEOUL BRANCH**
住所 (BANK ADDRESS)	**XXX - DONG GANGNAM-GU SEOUL 135-080, KOREA**
国名 (COUNTRY)	**R. KOREA**
送金金額 (AMOUNT)	**USD10,000.00**
受取人口座番号 (A/C.NO. TO BE CREDITED)	**12345-00XXX**
受取人名 (BENEFICIARY' S NAME)	**KOREA TRADE INC.**
受取人住所 (ADDRESS)	**XXXX DAEGU, KOREA**
国名 (COUNTRY)	**R. KOREA**
電話番号 (PHONE)	**XXX-XXX-XXXX**
依頼人英文名称	**JAPAN EXPORT CO., LTD.**
メッセージ	**COMMISSION FOR AUTO PARTS TO XXX CORP. REF NO.111XXX**
送金目的	**COMMISSION**

外国送金取引規定の条項に従い、上記送金を依頼します。

送金依頼人署名または捺印　　　　　　　　住所

電話（PHONE）

3 D/P決済とD/A決済とは

D/P決済とD/A決済のしくみと一般的な流れは次のとおりです。

☆ D/P決済とD/A決済のしくみ

D/P（Documents against Payment）決済とD/A（Documents against Acceptance）決済では、輸出者を「手形振出人」、輸出者から取立依頼を受けた銀行を「仕向銀行」、仕向銀行とコルレス契約＊をもち輸入者に代金の取り立てを行う銀行を「取立銀行」と呼びます。

輸出者が振り出す為替手形の名宛人は「輸入者」、支払先は「仕向銀行」、支払条件がD/P決済の場合は「一覧払条件」（At Sight）、D/A決済の場合は「期限付き条件」（ユーザンス付）になります。

☆ D/P決済とD/A決済の流れ

①輸出者は船積みの完了後、作成した為替手形に船荷証券やインボイスなどの船積書類を添付して「荷為替手形」を用意し、それを銀行に持ち込んで代金の取り立てを依頼します。

②仕向銀行は、荷為替手形を輸入地にあるコルレス契約先の取立銀行に送り、輸入者からの取り立てを依頼します。

③輸入地の取立銀行は為替手形の名宛人である輸入者に荷為替手形を呈示し、手形決済を求めます。

④D/P決済の場合、輸入者が手形代金の銀行支払いと引き換えに、銀行は船積書類を引き渡します。D/A決済の場合、輸入者は手形の引き受けと引き換えに、銀行は船積書類を引き渡します。

⑤輸入者は、入手した船積書類を用いて輸入通関手続きをした後、船会社や航空会社から商品を引き取ります。

⑥取立銀行は、輸入者からの支払いを受けた後、仕向銀行との銀行間決済を行い、仕向銀行から輸出者に代金が支払われます。D/A決済の場合、輸出者は手形満期日まで代金回収を待つことになります。

⑦輸出者は仕向銀行から代金を受け取ります。

　　＊コルレス契約：Correspondent Agreement

● D/P決済とD/A決済の流れ

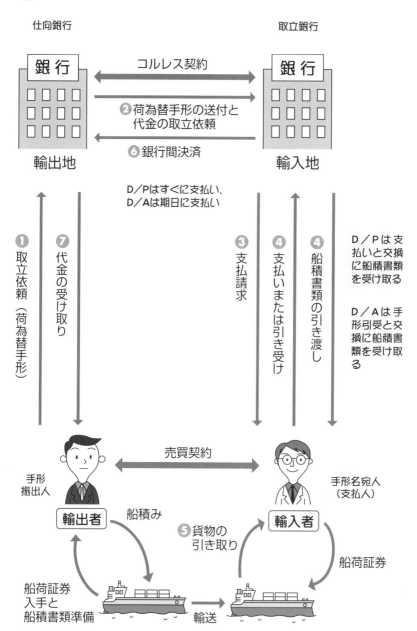

D/P決済とD/A決済の違いは支払条件が一覧払いか期限付きかです。

✿ 為替手形のしくみ

為替手形（B/E: Bill of Exchange）は「振出人」（Drawer）が「名宛人」（Drawee）に対して、「受取人」（Payee）に為替金額の支払いを指示する指示書です。D/P決済とD/A決済の場合は、債権者である輸出者が「振出人」、債務者である輸入者が「名宛人」、輸出者から代金取立の委託を受けた仕向銀行、あるいは貿易保険（輸出手形保険→P206）が付保された手形の買い取りに応じた買取銀行が「受取人」として記載されます。為替手形には、振出人、名宛人、受取人、手形番号、手形金額（数字と文字の両方）、振出地と振出日、手形支払期限の他、インボイス番号などが記載されます。

✿ D/P決済とD/A決済の為替手形

D/P決済の場合、手形の支払条件は「一覧払い」（At Sight）で作成されます。取立銀行は、「一覧払荷為替手形」を輸入者が決済して支払うことと引き換えに、船積書類を輸入者に渡します。

D/A決済の場合、手形の支払条件は「期限付き＊」（ユーザンス付）で作成されます。取立銀行は、「期限付荷為替手形」を輸入者が引き受けることと引き換えに、船積書類を輸入者に渡します。支払期限には、「一覧後XX日」（XX days after sight）といった方法があります。手形の引き受けとは、満期日の支払いを約束することで、手形の裏面に引受文言、引受日、手形満期日を記入し、署名します。

✿ 取立統一規則

D/P決済とD/A決済の取立業務を円滑に進めるため、国際商業会議所（International Chamber of Commerce）は「ICC取立統一規則」（URC522）を策定しています。

＊手形期限：UsanceまたはTenorという。

為替手形の例（D/P決済・D/A決済）

Bill of Exchange
Documents against Payment

D/P決済の手形

No. **XXX-XXX** （手形番号）

Place and Date **Tokyo May 31, 20XX** （手形振出地と振出日）

For **US$35,000.00** （手形通貨と金額）

At **XXXXXXXXXXXX** *sight of this FIRST of Exchange (Second being unpaid)*
（手形期限。一覧払い）

Pay to **Bank of AAA.** （仕向銀行または買取銀行） *or order*

the sum of **Say U.S. Dollars Thirty Five Thousand only** *Value received*
（手形金額を文字で記載）

and charge the same to account of

Drawee: **THAI AUTO PARTS CO., LTD.**　*Drawer:* **JAPAN EXPORT CO., LTD.**
　　　　　手形の名宛人　　　　　　　　　　　　　　手形の振出人
　　　　　（輸入者）　　　　　　　　　　　　　　　（輸出者署名）

Bill of Exchange
Documents against Acceptance

D/A決済の手形

No. **XXX-XXX** （手形番号）

Place and Date **Tokyo May 31, 20XX** （手形振出地と振出日）

For **US$35,000.00** （手形金額）

At **180 days after** *sight of this FIRST of Exchange (Second being unpaid)*
（手形期限：ユーザンス付き）

Pay to **Bank of AAA.** （仕向銀行または買取銀行） *or order*

the sum of **Say U.S. Dollars Thirty Five Thousand only** *Value received*
（手形金額を文字で記載）

and charge the same to account of

Drawee: **THAI AUTO PARTS CO., LTD.**　*Drawer:* **JAPAN EXPORT CO., LTD.**
　　　　　手形の名宛人　　　　　　　　　　　　　　手形の振出人
　　　　　（輸入者）　　　　　　　　　　　　　　　（輸出者署名）

5 L/C決済とは

信用状によるL/C決済のしくみと手形の買取方法は次のとおりです。

✪ L/C決済のしくみ

　D/P決済とD/A決済では、輸出者が支払いを受けられるかどうか
は、輸入者が実際に手形を決済するまでわからず、代金回収の成否は
輸入者の信頼性だけにかかっています。

　これに対して、輸入者の取引銀行が輸出者に荷為替手形の決済を保
証するしくみが「信用状付荷為替手形決済」で、「L/C決済」（L/C：
Letter of Credit）と呼ばれています。

　信用状（→P184）とは、輸入者の依頼にもとづいて銀行が輸出
者宛てに発行する支払確約書のことで、信用状の記載条件と合致する
書類が添付された為替手形の支払いを、銀行が確約するものです。

　信用状取引では、輸入者は「発行依頼人」（Applicant）、発行する
銀行は「発行銀行」（Opening Bank）または「開設銀行」（Issuing
Bank）、輸出者を「受益者」（Beneficiary）、発行銀行の指示を受け
て輸出者に信用状を通知する銀行を「通知銀行」（Advising Bank）
と呼びます。

　また、信用状に確認を加えた銀行を「確認銀行」（Confirming
Bank）と呼びます。

✪ 手形の買い取り

　信用状の条件を満たした荷為替手形は、発行銀行の支払確約がある
ため、輸出地の銀行で買い取りを行ってもらえるので、輸出者は船積
みの後すぐに代金を回収することができます。

　手形を買い取る銀行は、「買取銀行」（Negotiating Bank）と呼び
ます。

　信用状には、買取銀行を指定するか、どの銀行でも買い取りを行う
ことができるかの条件も記載されています（→P188）。

L/C決済のしくみ

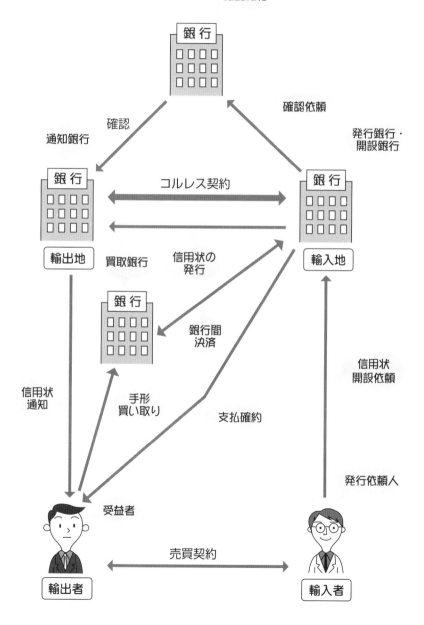

6 L/C決済の流れ

L/C決済の一般的な流れは次のとおりです。

⭐ L/C決済の決済手順

①輸入者は、あらかじめ取引銀行と信用状発行にかかわる信用状取引約定書を結び、輸出者との売買契約の締結後に信用状の発行を申し込みます。発行依頼書には、売買契約で合意した商品、金額、船積条件、要求する船積書類などを記載します。

②輸入地の発行銀行は、輸出地にある通知銀行を経由して信用状を輸出者に送付します。信用状は、銀行間の通信システムであるスイフト（→P172）を経由して送付されるか、あるいはレターで郵送されます。

③通知銀行は、輸出者に信用状を通知して送付します。

④輸出者は、信用状が契約内容と合致しているかどうかを確認し、合致していれば船積みを行って船荷証券を入手します。相違点がある場合は、輸入者に信用状の訂正（アメンドメント：Amendment）を依頼します。

⑤輸出者は、船積みを完了した後、船荷証券やインボイスなどの船積書類をそろえ、為替手形を振り出して、信用状の条件に合致する荷為替手形を買取銀行に持ち込み、買い取りを依頼して代金を受け取ります。

⑥買取銀行は、輸出者に代金を支払った後、荷為替手形を発行銀行に送付し、銀行間の決済をします。

⑦輸入者は、発行銀行との決済を行い、船積書類を入手します。

⑧輸入者は、入手した船積書類を用いて輸入通関の手続きをした後に、船会社から商品を引き取ります。

L/C決済の流れ

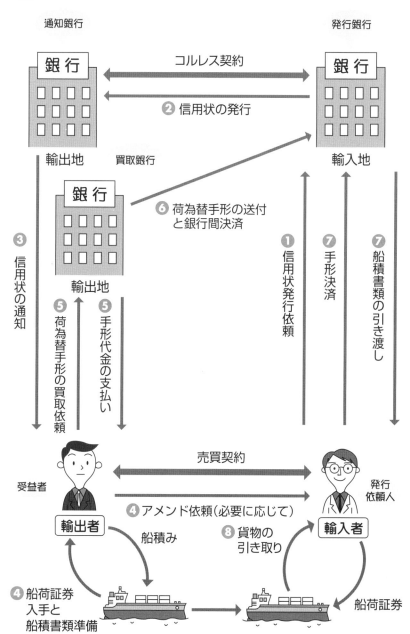

7 L/C決済の為替手形

L/C決済の為替手形には一覧払いと期限付きの両方の場合があります。

✪ L/C決済の為替手形のしくみ

L/C決済の場合に輸出者が作成する「為替手形」（B/E: Bill of Exchange）では、「振出人」の欄には「輸出者」、「名宛人」には「信用状発行銀行」、「受取人」には「買取銀行」が記載されます。

また為替手形には、振出人、名宛人、受取人、手形番号、手形金額（数字と文字の両方）、振出地と振出日、手形支払期限、インボイス番号などの一般記載事項の他、信用状番号、信用状日付、発行銀行、発行依頼者などの信用状に関する情報が記載されます。

L/C決済の手形の支払条件は、「一覧払い」（At Sight）と「期限付き」（ユーザンス付）のどちらの場合もあります。

一覧払いの場合、輸出者は手形買取時に代金を受け取ります。期限付きの場合は、満期日までの金利を割り引いた代金を受け取ります。

✪ 信用状統一規則と信用状の原則

信用状統一規則は、国際商業会議所（ICC→P24、176）が策定した信用状の用語や解釈にかかわるルールで、最新版はUCP600のコード名が付けられています。

信用状統一規則では、信用状の原則を次のとおり定めています。

①独立抽象性の原則

信用状は、売買契約にもとづいて発行されますが、発行された後は信用状の条件によってのみ取引されると規定しています。

②書類取引の原則

銀行は書類のみで信用状条件を満たしているかどうかを判断すると規定しているため、銀行は書類と現物が一致しているかどうかを確認する責任を求められてはいません。

為替手形の例（L/C決済）

Bill of Exchange
Letter of Credit

L/C決済
一覧払い条件の手形

No. XXX‑XXX （手形番号）

Place and Date Tokyo July 10, 20XX （手形振出地と振出日）

For US$230,000.00 （手形通貨と金額）

At XXXXXXXXXXX （手形期限。一覧払いの場合は上記のように記載する） sight of this FIRST of Exchange (Second being unpaid)

Pay to Bank of EFG （買取銀行） or order

the sum of Say U.S. Dollars Two Hundred and Thirty Thousand only （手形金額を文字で記載）

Value received and charge the same to account of U.S. Trading Inc. （L/C発行依頼人）

Drawn under ABC BANK （L/C発行銀行）

L/C No. 012ABCD3EF00XXX （L/C番号） dated June 2, 20XX （L/C発行日）

To : ABC BANK

Drawer : JAPAN EXPORT CO., LTD.

（手形の名宛人
L/C発行銀行）

（手形の振出人、
L/C受益者）

（輸出者の署名）

Bill of Exchange
Letter of Credit

L/C決済
ユーザンス付手形

No. XXX‑XXX （手形番号）

Place and Date Tokyo July 10, 20XX （手形振出地と振出日）

For US$230,000.00 （手形通貨と金額）

At 180 days after （手形期限） sight of this FIRST of Exchange (Second being unpaid)

Pay to Bank of EFG （買取銀行） or order

the sum of Say U.S. Dollars Two Hundred and Thirty Thousand only （手形金額を文字で記載）

Value received and charge the same to account of U.S. Trading Inc. （L/C発行依頼人）

Drawn under ABC BANK （L/C発行銀行）

L/C No. 012ABCD3EF00XXX （L/C番号） dated June 2, 20XX （L/C発行日）

To : ABC BANK

Drawer : JAPAN EXPORT CO., LTD.

（手形の名宛人
L/C発行銀行）

（手形の振出人、
L/C受益者）

（輸出者の署名）

183

8 信用状の記載項目

信用状の取引のしくみと主な記載項目は次のとおりです。

✿ 信用状の役割

　輸入者は、売買契約の内容に従って信用状の開設を銀行に依頼します。信用状を受け取った輸出者（受益者）は、信用状に記載されている条件が輸入者との売買契約内容と合致しているか、また要求書類に矛盾がないかを点検します。

　受け取った信用状に売買契約と相違点があった場合、ただちに輸出者は輸入者に信用状の訂正（アメンドメント）を依頼します（→P190)。

✿ 信用状の記載項目

　信用状の主な記載項目と点検事項は、次のとおりです。

・信用状の開設依頼者と受益者の確認
・信用状の金額が十分にあるか
・信用状の有効期限は十分に余裕があるか
・買取銀行は指定されているか
・為替手形の支払条件（一覧払いか期限付きか）
・商品と数量
・価格と取引条件
・輸送手段、船積港と仕向港
・船積期限
・分割船積みの許可または不許可
・途中積み替えの許可または不許可
・船荷証券の条件（通常は「Clean On Board B/L」が要求される）
・保険証券の条件
・要求される書類と部数（インボイス、パッキングリスト、原産地証明書、その他要求されている書類や部数に矛盾がないか、確認する）
・その他の条件が記載されている場合は対応できるかどうか

信用状開設依頼書の例

ABC Bank		
XXX Los Angeles CA, U.S.A.		**ABC** Bank

APPLICATION FOR DOCUMENTARY CREDIT

TO **ABC BANK**（信用状開設銀行）	DATE	JUNE 1, 20XX
	REF	**AA12345**（契約番号など）

IRREVOCABLE DOCUMENTARY CREDIT（取消不能信用状）

APPLICANT'S NAME（依頼人名）	**U.S. TRADING INC.**		
ADDRESS（依頼人住所/国名）	**180 EAST OCEAN BLVD LONG BEACH CA 90802, U.S.A.**		
（信用状の通知方法）	☑ FULL CABLE（電信）　　□ AIR MAIL（郵送）		
CONFIRMATION（確認の要不要）	☑ UNCONFIRMED（確認不要）　　□ CONFIRMED（要確認）		
BENEFICIARY'S NAME（受益者名）	**JAPAN EXPORT CO., LTD.**		
BENICIFIARY'S ADDRESS（受益者住所、国名）	**1-XX NIHONNBASHI, CHUO-KU TOKYO 103-00XX, JAPAN**		
AMOUNT（L/C金額）	**USD230,000.00**	EXPIRY DATE OF CREDIT（L/C有効期限）	**20XX/07/31**
COMMODITY（商品）	**STAINLESS STEEL PIPE 300 PIECES**		
SHIPMENT FROM（積出地）	**ANY PORT OF JAPAN**	LATEST DATE FOR SHIPMENT（船積最終期限）	**20XX/07/15**
SHIPMENT TO（到着地）	**LONG BEACH, U.S.A.**	TRADE TERMS/PLACE（貿易条件）	**CIF LONG BEACH**
PARTIAL SHIPMENT（分割船積み）	□ ALLOWED　☑ PROHIBITED	TRANSSHIPMENT（積み替え）	□ ALLOWED　☑ PROHIBITED
NEGOTIATING BANK（買取銀行指定の有無） REQUIRED DOCUMENTS（要求書類）	CREDIT AVAILABLE AT ___**ANY**___ BANK BY NEGOTIATION AGAINST FOLLOWING DOCUMENTS.（買取銀行の指定なし） · BENEFICIARY'S DRAFTS ___**AT SIGHT**___ DRAWN ON YOU FOR 100% OF ___**CIF**___ INVOICE COST.（一覧払条件の為替手形） · SIGNED COMMERCIAL INVOICE IN TRIPLICATE INDICATING CONTRACT NO.AA12345（インボイス3通） · PACKING LIST IN TRIPLICATE（パッキングリスト3通） · FULL SET OF CLEAN ON BOARD OCEAN BILLS OF LADING MADE OUT TO ORDER AND BLANK ENDORSED AND MARKED FREIGHT PREPAID 〔無故障かつ運賃先払済み表示のなされた指図式で白地裏書き済み船荷証券全通〕 · CERTIFICATE OF ORIGIN IN 1ORIGINAL AND 3 COPIES（原産地証明書、正本1通、コピー3通） · MARINE INSURANCE POLICY OR CERTIFICATE IN DUPLICATE, ENDORSED IN BLANK, FOR 110% OF THE INVOICE AMOUNT INCLUDING ICC（A）, WAR & SRCC CLAUSES. （インボイス価額の110%を保険金額とし、ICC（A）条件と戦争ストライキ約款を保険条件とした白地裏書済み保険証券2通）		
SPECIAL CONDITIONS（追加条件）	· ALL BANKING CHARGES OUTSIDE U.S. ARE ACCOUNT OF BENEFICIARY.（米国外の銀行手数料は受益者負担）		
APPLICANTS NAME, ADDRESS	**U.S. TRADING INC.** **180 EAST OCEAN BLVD LONG BEACH CA 90802, U.S.A.** SIGNATURE（依頼人署名）		

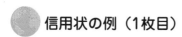

信用状の例（1枚目）

ABC Bank JAPAN
XXXX Otemachi, Chiyoda-ku（信用状通知銀行）
Tokyo, 100-80XX, Japan

**ABC
Bank**

ISSUE OF A DOCUMENTARY CREDIT

MESSAGE FROM	**ABC BANK LOS ANGELES U.S.A.**（信用状開設銀行）
FORM OF DEC. CREDIT	**IRREVOCABLE**　　　（取消不能信用状）
DOC. CREDIT NUMBER	**012ABCD3EF00XXX**　（信用状番号）
DATE OF ISSUE	**20XX-06-02**　　　（信用状開設日）
APPLICABLE RULES	**UCP LATEST VERSION**（適用される信用状統一規則）
EXPIRY DATE / PLACE	**20XX-07-25 IN BENEFICIARY'S COUNTRY** （信用状の有効期限）
APPLICANT	**U.S. TRADING INC.**　　（信用状発行依頼人） **180 EAST OCEAN BLVD LONG BEACH CA 90802, U.S.A.**
BENEFICIARY	**JAPAN EXPORT CO., LTD.**（信用状受益者） **1-XX NIHONBASHI, CHUO-KU TOKYO 103-00XX, JAPAN**
AMOUNT	**USD230,000.00**　　　（信用状金額）
AVAILABLE WITH/BY	**ANY BANK BY NEGOTIATION**（買取銀行指定の有無） （ANY BANKの記載は銀行指定なし）
DRAFTS AT	**SIGHT**　　　　　　　（手形期限） （一覧払いの指示）
DRAWEE	**ABC BANK**　　　　　（手形名宛人）
PARTIAL SHIPMENTS	**NOT ALLOWED**　　　　（分割船積みは不可の指示）
TRANSSHIPMENT	**NOT ALLOWED**　　　　（積み替えは不可の指示）
PORT OF LOADING	**ANY PORT OF JAPAN**　（船積港の指示）
PORT OF DISCHARGING	**LONG BEACH, U.S.A.**　（仕向港の指示）
LATEST OF SHIPMENT	**20XX-07-15**　　　　（船積最終期限。 B/L DATEで確認する）
GOODS	**STAINLESS STEEL PIPE 300 PIECES**　　　　（商品明細） **TRADE TERMS CIF LONG BEACH**

信用状の例（つづき）

DOCUMENTS REQUIRED
（要求書類）

+ **MANUALLY SIGNED COMMERCIAL INVOICE IN 3 COPIES INDICATING THIS L/C NO.**
（商業インボイス3通。インボイスは本信用状番号を記載し、肉筆サインのこと）

+ **PACKIGN LIST IN 3 COPIES**
（パッキングリスト3通）

+ **FULL SET PLUS TWO NON-NEGOTIABLE COPIES OF CLEAN OCEAN BILLS OF LADING MADE OUT TO THE ORDER AND BLANK ENDORSED , NOTIFYING THE APPLICANT OF THIS L/C AND INDICATING THIS L/C NUMBER, AND MARKED FREIGHT PREPAID.**
（船荷証券オリジナル全通とコピー2通
　船荷証券は以下の条件をすべて満たしていること
　1、無故障であること
　2、指図式で白地裏書されていること
　3、本信用状の開設依頼人を到着案内送付先として記載していること
　4、本信用状の番号を記載していること
　5、運賃前払の表示がなされていること）

+ **INSURANCE POLICY OR CERTIFICATE IN 2/2 ORIGINAL FORMS, BLANK ENDORSED, WITH CLAIMS IF ANY PAYABLE IN U.S. COVERING 110% OF THE INVOICE AMOUNT WITH MARINE INSTITUTE CARGO CLAUSE (A) WAR & S.R.C.C.**
（保険証券オリジナル2通）
　保険証券は以下の条件をすべて満たしていること
　1、白地裏書されていること
　2、保険金支払地は米国と記載されていること
　3、インボイス価額の110％を保険金額としていること
　4、ICC(A)条件と戦争ストライキ約款を保険条件としていること）

ADDITIONAL CONDITIONS

CHARGES　　**ALL BANKING CHARGES OUTSIDE ISSUING BANK ARE FOR ACCOUNT OF THE BENEFICIARY.**
（発行銀行以外の銀行手数料は受益者負担となる）

CONFIRM INSTRUCTION　**WITHOUT**
（確認銀行はないことの記載）

INSTRUCT. TO BANK
SEND TO RCV INFO　**WE HEREBY ISSUE THIS IRREVOCABLE DOC. CREDIT. IT IS SUBJECT TO UCP 600 AND ENGAGES US IN ACCORDANCE WITH THE TERMS THEREOF.**
（本信用状は信用状統一規則UCP600にもとづいて発行されていることの確認文言）

9 信用状の種類

信用状には取消不能信用状をはじめさまざまな種類があります。

❂ いろいろある信用状

①取消不能信用状

　取消不能信用状（Irrevocable Credit）とは、当事者（発行銀行、依頼者、受益者、もしあれば確認銀行）全員の同意がなければ、発行後に変更や取り消しのできない信用状のことです。最新版のUCP600では、信用状はすべて取消不能と規定されています。

②確認信用状

　確認信用状（Confirmed Credit）とは、信用力の弱い発行銀行や送金にカントリーリスクのある国の銀行が発行する信用状に対して、他の信用力のある銀行が支払保証を加えた信用状のことです。

③リストリクト信用状とオープン信用状

　荷為替手形の買取銀行が指定されている信用状が「リストリクト信用状」（Restricted Credit）、指定がない信用状が「オープン信用状」（Open Credit）です。輸出者としては、自社の取引銀行で買い取りができるオープン信用状のほうが便利です。

④譲渡可能信用状

　譲渡可能信用状（Transferable Credit）とは、受益者が信用状の使用権の全部または一部を他社に対して、1回に限り譲渡できる信用状のことです。

⑤回転信用状

　回転信用状（Revolving Credit）とは、荷為替手形の買い取りにより減少した信用状の金額を一定条件のもと、自動的に更新させるオートチャージ方式の信用状のことで、継続的な船積みを行う取引先の場合に用いられます。

信用状の種類

❶ 取消不能信用状

Irrevocable
Credit

同意なく変更や
取り消しはできない

❷ 確認信用状

Confirmed
Credit

他の銀行が
信用力を追加

❸ リストリクト信用状

Restricted
Credit

買取銀行の指定あり

❹ オープン信用状

Open
Credit

買取銀行の指定がない

❺ 譲渡可能信用状

Transferable
Credit

1回だけ譲渡できる

❻ 回転信用状

Revolving
Credit

オートチャージ方式

189

10 ディスクレパンシーとは

ディスクレパンシーは荷為替手形の書類と信用状の不一致です。

⭐ ディスクレパンシー

輸出者が船積みを完了して買取銀行に荷為替手形を呈示した際、その添付書類の文面に信用状の条件と一致しない箇所があった場合、その箇所をディスクレと呼びます。信用状統一規則は、書類取引の原則により書類文面上の厳格一致を要求しているので、単純なタイプミスや船荷証券の軽微なリマークなどもすべてディスクレの対象となります。

①アメンド依頼

アメンド（Amendment）依頼とは、信用状の訂正を輸入者に依頼することです。船積みの実行段階で、船積予定本船の遅れなどでディスクレの発生が予期された場合、輸出者はできるだけ早く輸入者に信用状のアメンド依頼を出し、銀行買取時点でのディスクレ回避に努めます。信用状の訂正には、輸入者、発行銀行、もしあれば確認銀行の同意が必要であり、輸入者に変更手数料が発生します。

②ケーブルネゴ

ケーブルネゴ（Cable Negotiation）は、輸出者の依頼を受けて、買取銀行が発行銀行にディスクレの内容をもとに電信で買い取りの可否を問い合わせ、発行銀行の承諾を得たうえで、荷為替手形を買い取る方法です。信用状のアメンド手続きを行う時間的余裕が残されていない場合の手段として用いられます。

③L/Gネゴ

L/Gネゴ（Letter of Guarantee Negotiation）は、輸出者が買取銀行に「発行銀行が手形支払いを拒否した場合は手形の買い戻しに応じる」という主旨の念書を差し入れて、ディスクレを抱えたままの荷為替手形の買い取りを行う方法です。この方法では、信用状の本来の機能である発行銀行の支払確約は喪失しています。

● ディスクレへの対応

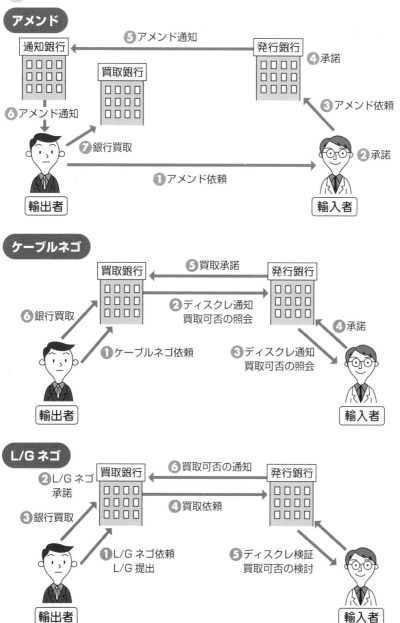

アメンド

通知銀行 — ⑤アメンド通知 — 発行銀行

買取銀行

④承諾

⑥アメンド通知

③アメンド依頼

⑦銀行買取

②承諾

①アメンド依頼

輸出者　　輸入者

ケーブルネゴ

買取銀行 — ⑤買取承諾 — 発行銀行

②ディスクレ通知
買取可否の照会

⑥銀行買取

④承諾

①ケーブルネゴ依頼

③ディスクレ通知
買取可否の照会

輸出者　　輸入者

L/Gネゴ

②L/Gネゴ
承諾

買取銀行 — ⑥買取可否の通知 — 発行銀行

③銀行買取

④買取依頼

①L/Gネゴ依頼
L/G提出

⑤ディスクレ検証
買取可否の検討

輸出者　　輸入者

CHAPTER 7

第 **7** 章

保険にかかわる書類

1 貿易取引の保険とは

貿易取引の保険はマリン保険とノンマリン保険に分けられます。

✪貿易取引の保険の種類

貿易取引で取り扱われる保険は、貨物の損傷にかかわるリスクを対象とする「マリン保険」と、代金回収や損害賠償にかかわるリスクを対象とする「ノンマリン保険」に大別されます。

✪マリン保険とは

マリン保険（Marine Insurance）は、「貨物海上保険」を意味し、海上輸送中だけでなく、海上輸送に接続する陸上輸送中の貨物損傷のリスクもカバーします。また、航空輸送中のリスクも貨物海上保険でカバーされます。

貨物海上保険は、損害保険会社が引き受けを行っています。

✪ノンマリン保険とは

ノンマリン保険（Non-Marine Insurance）には、「貿易保険」や「生産物賠償責任保険」（PL 保険）などの保険があります。

貿易保険とは、商品代金や投資資金が回収不能になる信用危険や非常危険をカバーする保険のことで、株式会社日本貿易保険（全額政府出資）と損害保険会社が引き受けを行っています。

非常危険とは、個々の取引先に信用問題はなくても相手国の為替政策変更などによる送金停止が理由で代金回収ができなくなるなど、いわゆるカントリーリスクのことです。

PL 保険は、商品の欠陥によって人や財物に被害を与えた場合に、製造者や輸出入者に課せられる損害賠償金を補てんする保険で、損害保険会社が引き受けを行っています。

● 貿易取引の保険

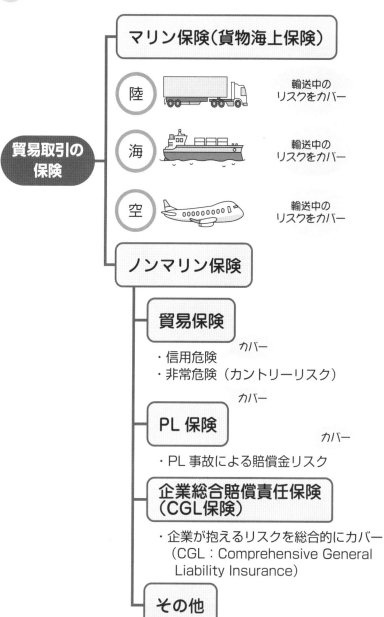

貿易取引の
保険

マリン保険（貨物海上保険）

陸　　　　　　　　　　輸送中の
　　　　　　　　　　　リスクをカバー

海　　　　　　　　　　輸送中の
　　　　　　　　　　　リスクをカバー

空　　　　　　　　　　輸送中の
　　　　　　　　　　　リスクをカバー

ノンマリン保険

貿易保険

カバー
・信用危険
・非常危険（カントリーリスク）

カバー
PL保険

カバー
・PL事故による賠償金リスク

企業総合賠償責任保険
（CGL保険）

・企業が抱えるリスクを総合的にカバー
　（CGL：Comprehensive General
　Liability Insurance）

その他

2 貨物海上保険とは

輸出者と輸入者はインコタームズの取引規則に応じて保険契約をします。

✪ 貨物海上保険のしくみ

保険契約の手配と保険料の支払いをどちらが行うかは、契約で採用したインコタームズ（→P24）の規則により判断できます。

すなわち、輸出国側で危険が買い手に移転する「EXW」「FCA」「CPT」「FAS」「FOB」「CFR」の規則で取り決めた契約の場合は、輸入者が自らのリスクをカバーするために保険契約を行います。

一方、輸入国側で危険が移転する「DAP」「DPU」「DDP」の規則で取り決めた契約の場合は、輸出者が自らのリスクをカバーするために保険契約を行います。例外は「CIP」（→P26）と「CIF」（→P28）です。これらの規則では、輸出国側で危険が買い手に移転しますが、保険契約は輸出者が行い、保険料を支払ったうえで保険証券を輸入者に裏書譲渡して、被保険者の権利を移転させます。

①保険区間

貨物海上保険の保険区間は、貨物が輸出地の倉庫から搬出されたときに始まり、輸入地の倉庫や保管場所に搬入されたときに終了します。ただし、原則として本船から荷揚げ後60日（航空機の場合は30日）を経過した場合は、その時点で保険契約は終了します。

②保険金額

輸出者が保険をかける場合、保険金額（Insured Amount）はCIF価格やCIP価格に期待利益10%を加えた110%の金額で申し込むのが一般的です。一方、輸入者が保険をかける場合、保険金額はFOB価格（またはFCA価格）に運賃を加算した金額から算出するCIF価格（またはCIP価格）の110%の金額で申し込みます。

③保険料率

保険料率（Marine Rate）は、保険条件、貨物、梱包、本船の種類や船齢、航路など損害保険会社が過去のデータを元に算出します。

保険条件

すべての運送手段に適した規則の保険負担

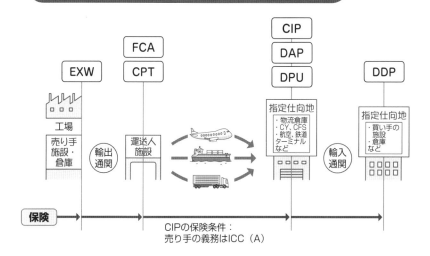

船舶運送にのみ適した規則の保険負担

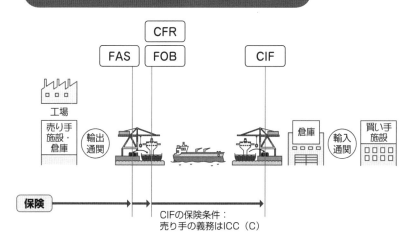

3 貨物海上保険の基本条件

貨物海上保険には3つの基本条件があります。

⭐ 貨物海上保険の基本条件

外航貨物海上保険の基本条件は、ロンドンの保険協会が策定したICC(Institute Cargo Clause) 協会貨物約款（2009年改訂版）が世界的に使用されています。なお、商品固有の性質による劣化、故意の損傷、梱包不良、到着遅延など保険の免責事項による損害は、保険ではカバーされません。

2009年版の基本条件は次の3条件です。

①ICC(A) 条件

てん補範囲の一番広い条件で、海上輸送上の事故に限らず、陸上での荷役中の事故や盗難などすべてのリスク（保険の免責事項は除く）を一括してカバーします。1963年版のAll Risks条件、1982年版のICC(A) 条件に対応しています。

②ICC(B) 条件

海水や河川の水ぬれ損害と、火災、爆発、座礁、沈没、転覆、衝突、地震、噴火、雷の危険をカバーする条件です。1963年版のW.A.条件、1982年版のICC(B) 条件に対応しています。

③ICC(C) 条件

てん補範囲の一番狭い条件で、火災、爆発、座礁、沈没、転覆、衝突の危険をカバーします。

⭐ 戦争危険・ストライキ危険の特約

戦争やストライキが原因で発生する貨物への危険は、戦争勃発や終結に迅速に対応して追加保険料を適用する必要があるため、基本条件から切り離した特約として設定されています。戦争・ストライキ危険の特約（War & S.R.C.C.）のS.R.C.C.は、Strike（ストライキ）、Riot（暴動）、Civil Commotion（騒乱）の略です。

保険の基本条件（2009年版ICC）

基本条件

てん補の範囲	ICC (A)	ICC (B)	ICC (C)
火災、爆発	○	○	○
船舶・はしけの座礁・乗揚・沈没・転覆	○	○	○
陸上輸送用具の転覆・脱線	○	○	○
船舶・はしけ・輸送用具の他物との衝突・接触	○	○	○
避難港における貨物の荷卸し	○	○	○
地震・噴火・雷	○	○	×
共同海損犠牲	○	○	○
投荷	○	○	○
波ざらい	○	○	×
海水・湖水・河川水の船舶・はしけ・船倉・輸送用具・コンテナ・リフトバン・保管場所への浸入	○	○	×
積み込み・荷卸し中の水没・落下による一個ごとの全損	○	○	×
上記以外の一切の危険 （ただし、免責条項に関するものは除く）	○	×	×

○＝てん補される　　×＝てん補されない

保険の一般免責条項

一般免責事項	・被保険者の故意の不法行為 ・通常の漏損・通常の重量またはかさの減少、または自然の消耗 ・貨物の梱包や荷支度の不適切により発生する損傷 ・貨物固有の瑕疵または性質 ・到着遅延による損害

出所：損保ジャパンの資料をもとに作成

4 貨物海上保険の申し込み

貨物海上保険の申し込みの流れは次のとおりです。

☆ 貨物海上保険の申し込み手順

貨物海上保険の申し込みは、船積みの予定が決まった段階で行う「予定保険」の申し込みと、船積み完了後に行う「確定保険」の申し込みの2段階の手順で進めます。

保険会社は、事故の発生後は保険の引き受けを行わないので、この手順で保険を申し込むことで、保険の付保漏れを防ぐことができます。

予定保険は、船積予定にもとづいて「予定保険申込書」を保険会社に提出し、「予定保険証券」を入手します。その後、船積みが完了した後に、保険会社に確定保険の申し込みを行い、保険料を支払います。

保険会社は、保険引き受けの証として、保険契約者である輸出者または輸入者に保険証券を発行します。

☆ 包括予定保険契約

包括予定保険契約（オープンポリシー・O/P: Open Policy）とは、継続的に船積みされる貨物の予定保険を包括的に結ぶ保険契約のことです。オープンポリシーを結べば、個々の予定保険の申し込み手続きを省略できるので、船積みの後に確定保険申込書を保険会社に提出するだけで保険の申し込みが完了します。オープンポリシーは、付保漏れ防止や事務省力化に効果があるので、多くの企業が採用しています。

◯ オープンポリシー

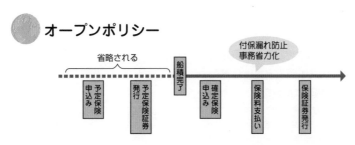

貨物海上保険申込書の例

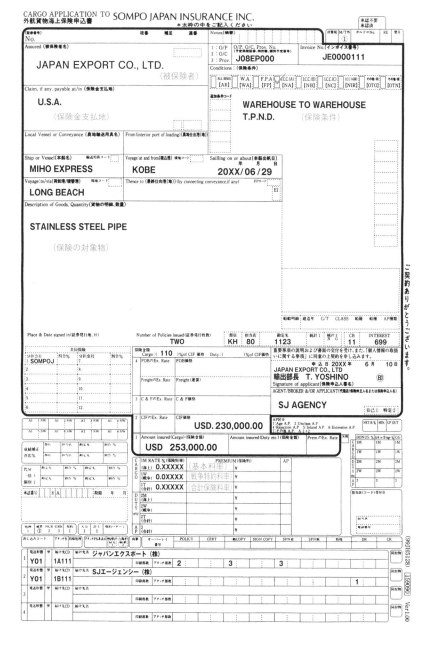

5 貨物海上保険の求償とは

輸送中の事故で商品が損傷を受けた際に行うのが保険求償です。

✪ 保険求償のしくみ

貿易輸送中の事故で商品が損傷を受けた場合、輸入者は保険会社への保険求償の手続きを行います（E、F、Cグループ条件の場合）。

到着した商品に損傷を発見しても、その時点ではまだ運送人に賠償請求できる内容かどうかは不明なことが多いので、輸入者は運送人への賠償請求権を留保しつつ、保険会社への保険求償を進めます。

保険求償では、保険金額を上限として、損傷による商品価値減の損害と商品の修繕や代替品手当てに要した費用を求償できます。

✪ 保険求償の一般的な手順

①到着した商品に損傷を発見した場合、輸入者はまずそのダメージが広がらないように応急処置を施します。

②輸入者は、保険証券に記載されている保険会社の求償代理人（Claim Agent）に、事故の発生を報告します。

③輸入者は、貨物の受取証（デバンニングレポートやボートノート）に損傷の事実を記録し、運送人に賠償請求権を留保するクレーム通知書（→P204）を送付します。

④保険会社は、サーベイヤーを派遣し、貨物の損傷状況や事故原因を調査し、調査結果報告書（サーベイレポート）を入手します。

⑤保険会社は、サーベイレポートにもとづいて、事故の原因が保険条件のてん補範囲であるかどうか、ダメージ品の処理方法が妥当であるかどうかなどを検証し、保険金の査定をします。

⑥輸入者は、保険証券、インボイス、船荷証券コピー、修理費や代替品手当ての費用を証明する帳票書類を保険会社に提出し、査定額に従って保険金を請求します。

⑦保険会社は、帳票書類を審査のうえ、保険金を支払います。

保険求償の流れ

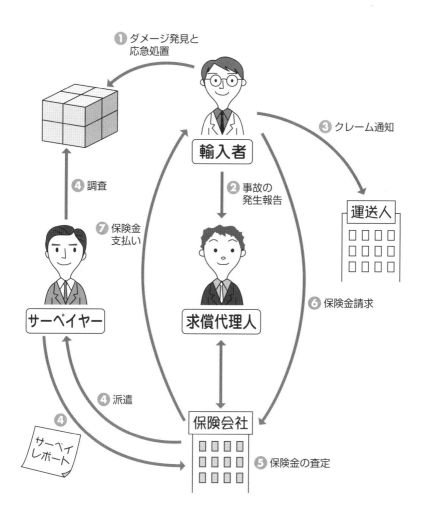

JE

Japan Import Co., Ltd.
1-XXXX Nihonbashi Chuo-Ku
Tokyo Japan 103-XXXX

Date: **Feb. 15, 20XX**

Messrs. ABC CONTAINER LINE (JAPAN) CO., LTD.
4-XX、Kojimachi Chiyoda-ku
Tokyo, Japan 102-00XX
（船会社）

NOTICE OF CLAIM

We regret to advise you that damage/loss was found in connection with
undermentioned shipment.

Name of Vessel	**MV "ABC PLEASURE" V-111**
Port of Loading	**OAKLAND, U.S.A.** （B/L情報）
Port of Discharging	**YOKOHAMA, JAPAN**
Date of Arrival	**FEB. 9, 20XX**
B/L No.	**YMLUW160031631**
B/L Date	**JAN.15, 20XX**
Description of Goods	**BABY LIMA BEANS**
Description	**SEA WATER DAMAGE**
of Damage/Loss	（ダメージの内容）
Container No.	**YMLU2390473**

In consideration of this fact, we hereby declare that we reserve our right to file
a claim with you when the amount of the claim is ascertained.
Please acknowledge this letter in writing.
（賠償請求権留保の文言）

Yours truly,

Japan Import Co., Ltd.

（輸入者署名）

MANAGER
IMPORT DEPT.

サーベイレポートの例

HEAD OFFICE
X-X, 1-CHOME HATCHOBORI, CHUO-KU
TOKYO 104-0032, JAPAN
TEL : 81-3-3552-XXXX
FAX : 81-3-3553-XXXX
URL http://www.nkkk.jp/

BRANCHES
ALL PRINCIPAL PORTS IN JAPAN

OVERSEAS OFFICES
THAILAND, SINGAPORE, MALAYSIA,
PHILIPPINES, INDONESIA, CHINA,
NETHERLANDS, SPAIN, HONG KONG

LABORATORIES
YOKOHAMA, OSAKA, SINGAPORE
Container cargo

INTERNATIONAL INSPECTION & SURVEYING
INSPECTIONS REQUIRED BY REGULATIONS FOR
DANGEROUS GOODS, SOLID BULK SUBSTANCES AND
NOXIOUS LIQUID SUBSTANCES
MARINE SURVEY AND CARGO INSPECTION
MARINE CONSULTANT
NON-MARINE ADJUSTING
PETRO-CHEMICAL SUPERINTENDING
LIQUEFIED GAS INSPECTION
CHEMICAL ANALYSIS
TANK CALIBRATION
SAMPLING AND TESTING
CARGO WEIGHING AND MEASURING

NKKK
FOUNDED IN 1913

(Ref.) **YSN**

Survey Report

BRANCH NAME YOKOHAMA
Date : **Feb 20, 20XX**
Report No. **DA 711/99**

THIS IS TO CERTIFY THAT we, the undersigned, did survey and report upon damage to cargo as follows;

Applicant :	**Japan Import Co., Ltd.**	(サーベイ依頼人)
Date of Application :	**Feb. 15, 20XX**	(依頼日)
Surveyor in charge :	**S. Yakushiji**	(サーベイヤー名)
Place & Date of Survey :	**At the bonded warehouse of YASUDA SOKO,** **Yokohama on Feb. 16, 20XX**	(サーベイ実施場所と日付)
Shipper :	**U. S. Food Inc.**	(荷主)
Consignee :	**Japan Import Co., Ltd.**	(受荷主)
Insurer :	**OOOO Insurance Co., Ltd.**	(保険会社)
Policy No. & Amount Insured :	**No. 000000 ¥8,845,000.−**	(保険証券番号と保険金額)
Name of Carrying Vessel :	**M. V. ABC PLEASURE**	(本船名)
Description and Packing of the goods :	**Baby Lima Beans in bulk**	(商品名と梱包状態)
Shipment from/to :	**Oakland/Yokohama**	(積・揚港)
Date the goods unloaded :	**Around Feb. 9, 20XX**	(荷揚日)
Date the goods stored to the place where Survey held :	**ABC WAREHOUSE**	(サーベイ場所)
External Condition of Packages when stored :	**Partly wet**	(貨物状況外観)
Container No.	**YMLU2390473**	(コンテナ番号)
Place and Date of unpacking ex Container :	**At ABC WAREHOUSE around Feb. 15, 20XX**	(デバンニング場所と日付)
Notice of claim against carrier :	**Mailed on Feb. 15, 20XX**	(輸送人へのクレームノーティスの情報)
Remarks on delivery :		(輸送時のリマークの情報)
Cause of Loss or Damage to the goods :	**Sea water damage**	(商品損傷の原因)

6 貿易保険とは

海外取引先の信用危険などをカバーするのが貿易保険です。

☆貿易保険

　輸出者は、海外の取引先と輸出契約を結んだ後、取引先の経営破綻による代金回収不能といった信用危険のほか、取引先に問題はなくても相手国の輸入規制による出荷不能といった非常危険（いわゆるカントリーリスク）を抱えています。これらの信用危険や非常危険による損害をカバーする保険が貿易保険です。

☆貿易保険の種類と申し込み手順

　貿易保険は、株式会社日本貿易保険（通称NEXI：全額政府出資）が引き受けを行っています。貿易保険には、一般的な輸出取引にかかわる貿易一般保険や輸出手形保険の他、前払輸入保険や海外投資保険など各種リスクに合わせた保険が設定されています。

　NEXIは、貿易保険の引き受けで必要になる海外企業の与信管理をするために、海外企業の格付けをして「海外商社名簿」を作成しています。貿易保険の引き受けは、取引先が一定基準を満たした格付けであることを条件としています。そこで、海外商社名簿に記載がない海外企業との取引で貿易保険を申し込む場合は、あらかじめ信用調査書をNEXIに提出して、格付情報を取得する必要があります。

　貿易保険の申し込みは、個別の輸出案件ごとに申し込む「個別申込保険」、一定期間まとめて申し込む「企業別包括保険」、日本鉄鋼連盟のような商品業界全体で契約を結ぶ「商品組合別包括保険」などの形式があります。

☆輸出取引信用保険

　輸出取引の信用危険と非常危険をカバーする保険は、民間の損害保険会社も輸出取引信用保険として引き受けています。

貿易一般保険申込書の例

別紙様式第1－1

貿易一般保険申込書
（2年未満案件）
（輸出契約／仲介貿易契約）

20XX年3月3日

株式会社日本貿易保険　御中

　貿易一般保険約款及びこれに関する規定並びに※＿＿年＿月＿日付内諾番号＿－＿＿＿による内諾の内容を承認し、
貿易一般保険（個別）手続細則の規定に基づき、次のとおり貿易一般保険を申し込みます。
　※内諾の手続を要しなかった案件については内諾番号及び日付は記入不要です。

保険契約者

　保険利用者コード：123456000

　住所：東京都中央区日本橋1－XX

　企業名：Japan Export Co.,Ltd.

　役職名：代表取締役

　氏名：黒岩　章　　　　　　　　　　　印

被保険者

　保険利用者コード：123456000

　住所：東京都中央区日本橋1－XX

　企業名：Japan Export Co.,Ltd.

　役職名：代表取締役

　氏名：黒岩　章　　　　　　　　印

保険金受取人

　保険利用者コード：123456000

　住所：東京都中央区日本橋1－XX

　企業名：Japan Export Co.,Ltd.

　役職名：代表取締役

　氏名：黒岩　章　　　　　　　　印

契約の相手方（必須）	契約者の名称	ABC Corporation		バイヤーコード（必須）※6桁	仕向国（必須）
	住所	XXX Bangkok 101, Thailand		100000	タイ（国コード：111）
	支払人の名称	ABC Corporation		バイヤーコード（必須）※6桁	支払国（必須）
	住所	XXX Bangkok 101, Thailand		100000	タイ（国コード：111）
	信用状発行（確認）銀行名 ※L/C決済の場合は本欄を、それ以外の場合は本欄を記入とし、右のL/C開設状況欄の「未開設」をチェックしてください。	DEF Bank	L/C開設状況 □未開設	バイヤーコード※6桁	保証国
	住所	YYY Bangkok 202, Thailand		000001	タイ（国コード：111）

契約の種別（必須）	契約締結日（必須）	契約発効日 ※契約発効日が将来である場合は記入	契約番号（必須）※英数字と記号のみ、最大25文字	担当部門 ※英数字と記号のみ、最大8文字	リファレンス番号 ※英数字と記号のみ、最大15文字
☑輸出契約	20XX年2月20日	20XX年2月20日	JEXP000001		
□仲介貿易契約	貿易契約の相手の所在国 ※仲介貿易契約の場合のみ記入 （国コード：　）		船積国 ※仲介貿易契約の場合のみ記入 （国コード：　）	契約の相手方と貿易契約の相手方との支配関係の有無 ※仲介貿易契約の場合のみチェック □有 ※有の場合は信用免責	

案件概要 ※最大30文字	品名、型名又は銘柄、(HSコード)（必須）※HSコードは6桁	船積予定時期（必須）	受渡の条件（必須）
タイABC社向け研削機械 パーツ輸出案件	JP0000111（HSコード：848790　）	20XX年4月1日 から 20XX年4月25日 まで	CIP

決済方法（必須）	20% Advanced Payment　80% L/C at sight

契約金額（建値）（必須）	保険価額（必須）	船積前対象額(FOB額)	船積後対象額（建値）
通貨：　US$ 契約金額：　1,000,000.0		金額：　980,000	金額（元本）：　800,000 （金利）：

他の貿易保険契約（予定を含む）※他の貿易保険契約がある場合のみチェック	付保率（必須）	船積前付保率	船積後付保率
□貿易一般保険包括保険（鋼材）　□その他（　　　　）		非常危険　95　％　信用危険　80　％ ※非常危険は50-95%の間で任意に設定可能 ただし、左記鋼材包括の場合は0-35%の間で任意に設定可能 ※信用危険は0%、60-80%の間で任意に設定可能 非常危険の付保率を上回らないこと	非常危険　97.5　％　信用危険　90　％ ※非常危険は0%、97.5%、100%のいずれか ただし、左記鋼材包括の場合は0%、37.5%、40%のいずれか ※信用危険は0%、90%のいずれか

重要事項説明書等確認（必須）	「重要事項説明書」及び商品パンフレットを受領し、又はホームページ(https://www.nexi.go.jp)からダウンロードして、その内容を確認・了解した。	☑はい

連絡先（必須）	担当部課名：　輸出部 電話番号：　03-3582-XXXX	担当者名：　黒岩　修平 メールアドレス：　japan-export@jpx.com

出所：日本貿易保険のHPをもとに作成

7 生産物賠償責任保険（P/L保険）とは

製造物責任によるリスクをカバーするのが生産物賠償責任保険（P/L保険）です。

✪生産物賠償責任保険（P/L保険）

生産物賠償責任保険（PL保険）とは、PL訴訟を受けた被保険者が判決で受けた法律上の損害賠償金と訴訟防御に要した弁護士費用を対象とした保険のことで、損害保険会社が引き受けを行っています。

PL保険料は、商品の用途や流通地域、売上高、商品の耐用年数、品質管理状況、過去の事故実績、必要とする保険金額、免責金額などの要素を考慮して見積もられます。

✪製造物責任とは

製造物責任（PL: Products Liability）とは、商品の欠陥が原因の事故で人や財物に傷害や損壊を与えた場合に、製造者や販売者が負う法的賠償責任のことで、世界各国で法制化が進められています。

日本でも1995年に製造物責任法（通称「PL法」）が施行されました。日本を含め、各国のPL法では、PL責任の主体を製造者、加工者、輸入者と規定しています。PL訴訟は時として高額訴訟になる可能性があるので、輸出入者はPL保険に加入して、国内外での訴訟発生時の備えを行います。

輸入商品は、日本のPL法で管理されます。本来、輸入商品の製造物賠償責任は海外の製造者にありますが、国内の被害者が海外の製造者に賠償請求を行うことは困難なため、PL法では消費者保護の観点から輸入者に製造者と同等の責任を負わせています。

輸出商品は、輸出相手国のPL法で管理されます。海外の被害者が、自国の裁判所で輸出国側の製造者や輸出者を提訴する手法も用いられます。この場合、輸出者は相手国での訴訟を防御しなければ、欠席裁判で不利な判決を下される危険性があります。

PL保険見積書の例

SS INSURANCE AGENCY
○○○○, Shinjuku-ku, Tokyo, Japan XXX-XXXX

SSI agency

PL保険見積書

見積り番号	PL090011XX	DATE	20XX.06.29

1. 契約者（APPLICANT）	Japan Export Co., LTD.
2. 引受保険会社	Sompo Japan Insurance Inc.
3. 保険期間（POLICY PERIOD）	20XX年10月1日 00:01（日本時間）より1年間
4. 遡及日（RETROACTIVE DATE）	20XX年4月1日
5. 適用地域（POLICY TERRITORY）	全世界
6. 被保険者（INSURED）	Japan Export Co., LTD.
7. 対象製品・業務（PRODUCTS / OPERATION）	被保険者が輸出する鉄鋼製品
8. 保険金額（LIMITS OF LIABILITY）	US$1,000,000.00
9. 免責金額（DEDUCTIBLE）	US$10,000.00
10. 年間保険料（PREMIUM/YEAR）	XXXX 万円
11. 保険料計算の年間売上高（ESTIMATED ANNUAL SALES）	100億円

12. 主な適用約款（COVERAGE PART & ENDORSEMENT）

- PRODUCTS & COMPLETED OPERATIONS LIABILITY INSURANCE COVERAGE PART
- PUNITIVE DAMAGES EXCLUSION CLAUSE
- NUCLEAR ENERGY LIABILITY EXCLUSION CLAUSE
- EARTHQUAKE EXCLUSION CLAUSE
- ASBESTOS EXCLUSION CLAUSE　　　　　　　　（PL保険の各種追加条件や免責条件）
- POLLUTION EXCLUSION CLAUSE
- PRODUCTS RECALL EXCLUSION ENDORSEMENT
- AMENDMENT OF SUPPLEMENTARY PAYMENTS PROVISION ENDORSEMENT
- CLAIMS MADE BASIS ENDORSEMENT
- COMBINED SINGLE LIMIT ENDORSEMENT
- JURISDICTION CLAUSE
- PREMIUM COMPUTATION ENDORSEMENT
- DATA RECOGNITION EXCLUSION CLAUSE

SS INSURANCE AGENCY　　　　TEL ○○○－△△△△
G. MANAGER M. TAKEUCHI　　FAX XXXX－XXXX

This Declarations page, with Standard Provisions, Coverage Parts and Endorsements, if any, issued to form a part thereof, completes the below numbered General Liability Policy.

GENERAL LIABILITY POLICY

SOMPO JAPAN INSURANCE INC.

THIS IS A CLAIMS-MADE POLICY

DECLARATIONS   Policy No. **1234XXXX**

Item 1. Named Insured and Address

Japan Export Co., Ltd.
1-XX Nihonbashi, Chuo-ku
Tokyo, 103-00XX, Japan   （保険契約者）
The Named Insured is: individual☐ partnership☐ corporation☑ joint venture☐
other _____

Item 2. Policy Period: From **1st October, 20XX** to **1st October, 20XX** （保険期間）
00:01 standard time at the address of the Named Insured as stated herein
Audit Period: Annual, unless otherwise stated _____

Item 3. Applicable Coverage Parts and Endorsements （契約対象となる保険種目の選択）
Coverage Part:
　Comprehensive General Liability Insurance ☐
　Owners', Landlords' and Tenants' Liability Insurance ☐
　Manufacturers' and Contractors' Liability insurance ☐
　Products and Completed Operations Liability Insurance ☑ （生産物賠償責任保険）
　Contractual Liability Insurance (Designated Contracts only) ☐
　Owners' and Contractors' Protective Liability Insurance ☐

Endorsement: （追加条項）
　1. Punitive Damages Exclusion 2. Nuclear Energy Liability Exclusion 3. Earthquake Exclusion
　4. Asbestos Exclusion 5. Pollution Exclusion(   ) 6. Products Recall Exclusion
　7. Amendment of Supplementary Payments Provision 8. Claims Made Basis
　9. Combined Single Limit 10. Jurisdiction 11. Premium Computation

　12. Data Recognition Exclusion

Item 4. Limits of Liability and Premiums

Coverages / Limits of Liability	Except Contractual Liability Insurance		Contractual Liability Insurance	
	A: Bodily Injury	B: Property Damage	Y: Contractual Bodily Injury	Z: Contractual Property Damage
each occurrence				
each person				
aggregate				

Coverages / Limits of Liability	Coverages **A&B**（適用範囲）	Total Advance Premium	**¥XXX,XXX** （保険料）
	Combined Single Limit （限度額）		
each occurrence	**US$ 1,000,000**	Minimum Premium	
aggregate	**US$ 1,000,000**		

Item 5. Policy Territory: **Worldwide** _____ （保険適用地域）

賠償責任保険証書（PL保険を対象）の例（裏）

Item 6. The Declarations are completed on the attached schedules designated "General Liability Hazards"

Item 7. Schedule — General Liability Hazards

Description of Hazards Code No. _____	Premium Bases	Rates		Premiums	
		Bodily Injury	Property Damage	Bodily Injury	Property Damage
Premises — Operations	(a) Area (Sq.m) (b) Wage (c) Admission	(a) Per 10 Sq.m (b) Percentage (c) Per 1,000 Admissions			
Elevators (Number at Premises)	Number Insured	Per Elevator			
Independent Contractors	Contract Price				
Completed Operation	Receipts				
Products **Steel Products** （対象製品）	Sales ¥10,000,000,000.- （年間売上高）	**0.XX%** （人身事故の 保険料率）	**0.XX%** （財物事故の 保険料率）	**¥XXX,XXX** （保険料）	**¥XXX,XXX** （保険料）

Location of all premises owned by, rented to or controlled by the Named Insured: _____

Interest of Named Insured in such premises: _____

Part occupied by Named Insured: _____

Description of Contracts Code No. _____	Premium Bases	Rates		Premiums	
		Bodily Injury	Property Damage	Bodily Injury	Property Damage
	(a) Number (b) Cost	(a) Per Contract (b) Per_____ of Cost			

Description of Contractors Code No. _____	Premium Bases	Rates		Premiums	
		Bodily Injury	Property Damage	Bodily Injury	Property Damage
	Cost				

Mailing Address: _____

Location of Covered Operations: _____

Countersigned for and on behalf of the Company , in Tokyo, this **Ist** day of **September, 20XX**

（保険会社署名）　　（契約日）

President

印紙税申告納
付につき新宿
税務署承認済

(99)E5878) 201406

211

さいごに

　前著の『はじめての人の貿易入門塾』では、貿易に関する知識がまったくない方を対象として、貿易の基本ルールや関係者、港や空港などの施設、輸送方法や通関・保険・決済など各業務の基礎知識の説明を中心としました。たとえるなら、企業における新入社員研修というイメージです。

　本書は入門の次の段階で、貿易実務の各業務が実際にどのような手順で進められているかについて、先輩社員が現場に配属された新入社員に教育するイメージを描いて作成しました。

　本書が、実務者にとって、貿易実務全般にわたる基本知識の修得に役立つことを切に祈っております。

　本書掲載の書類や図表の作成にあたっては、以下の方々より貴重なアドバイスや資料のご提供をいただきました。ここにあらためてお礼申し上げます。

株式会社　損害保険ジャパン	竹内正隆様
新和海運株式会社	森実様
安田倉庫株式会社	中塚一郎様
社団法人　日本海事検定協会	石川正人様
丸紅トレードマネジメント株式会社	佐藤延重様
丸紅トレードマネジメント株式会社	森久晃様
丸紅ロジスティクス株式会社	吉井浩之様
ダイキン工業株式会社	黒岩修平様
（2009年11月時点）	（順不同）

巻末資料

貿易資料1-1　2010年版インコタームズ

●すべての運送手段に適した規則

インコタームズ 貿易規則	英文での呼称 （和文での呼称）	使用方法
EXW	EX WORKS （工場渡し）	EXW（insert named place of delivery） （指定引渡地を挿入）
FCA	FREE CARRIER （運送人渡し）	FCA（insert named place of delivery） （指定引渡地を挿入）
CPT	CARRIAGE PAID TO （輸送費込み）	CPT（insert named place of destination） （指定仕向地を挿入）
CIP	CARRIAGE AND INSURANCE PAID TO （輸送費保険料込み）	CIP（insert named place of destination） （指定仕向地を挿入）
DAT	DELIVERED AT TERMINAL （ターミナル持込渡し）	DAT（insert named terminal at port or place of destination） （仕向港または仕向地における指定ターミナルを挿入）
DAP	DELIVERED AT PLACE （仕向地持込渡し）	DAP（insert named place of destination） （指定仕向地を挿入）
DDP	DELIVERED DUTY PAID （関税込持込渡し）	DDP（insert named place of destination） （指定仕向地を挿入）

●船舶輸送にのみ適した規則

インコタームズ 貿易規則	英文での呼称 （和文での呼称）	使用方法 （使用例）
FAS	FREE ALONGSIDE SHIP （船側渡し）	FAS（insert named port of shipment） （指定船積港を挿入）
FOB	FREE ON BOARD （本船渡し）	FOB（insert named port of shipment） （指定船積港を挿入）
CFR	COST AND FREIGHT （運賃込み）	CFR（insert named port of destination） （指定仕向港を挿入）
CIF	COST, INSURANCE AND FREIGHT （運賃保険料込み）	CIF（insert named port of destination） （指定仕向港を挿入）

⚓ 貿易資料1-2　インコタームズ新旧対比表

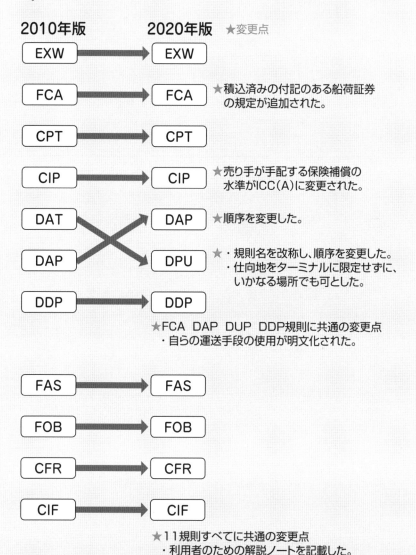

2010年版　　2020年版　★変更点

EXW → EXW

FCA → FCA　★積込済みの付記のある船荷証券
　　　　　　　の規定が追加された。

CPT → CPT

CIP → CIP　★売り手が手配する保険補償の
　　　　　　　水準がICC(A)に変更された。

DAT → DAP　★順序を変更した。

DAP → DPU　★・規則名を改称し、順序を変更した。
　　　　　　　　・仕向地をターミナルに限定せずに、
　　　　　　　　　いかなる場所でも可とした。

DDP → DDP

★FCA DAP DUP DDP規則に共通の変更点
　・自らの運送手段の使用が明文化された。

FAS → FAS

FOB → FOB

CFR → CFR

CIF → CIF

★11規則すべてに共通の変更点
　・利用者のための解説ノートを記載した。
　・費用の分担を1つの項にまとめて記載した。
　・運送と通関の項に安全関連の要件を含めた。

⚓ 貿易資料2−1
原産地証明の自己申告制度（自己証明制度）

☆自己申告制度（自己証明制度）とは

　近年結ばれた、日豪EPA、TPP11、日 EU・EPA、日米貿易協定、日英EPAでは、特恵税率の適用を受けるための方法として、自己申告制度（一般的には自己証明制度）が導入されています。

　自己申告制度では、「輸出者（生産者も含む）自らが、原産地に関する申告文（statement of orijin）を作成」、もしくは「輸入者がその知識に基づいて輸入申告時に必要書類を提供する」、方法で税関に輸入申告を行います。

　第2章で述べた「原産地証明書」や「特定原産地証明書」は、輸出国の権限ある機関が原産地証明書を発給する「第三者証明制度」をとっており、多くのEPAで利用されています。

☆輸出者によって作成された原産地申告文による申請の場合

　原産地に関する申告文を、輸出者（または生産者）が作成し、インボイスなどに記載し、輸入者は輸入申告時に税関に提出します。申告文は、EPA協定により記載事項や文言が定められています。（右ページ参照）。申告の正確性の説明責任は輸出者にあります。

☆輸入者の知識に基づく申請の場合

　輸入申告時に輸入者が、EPA協定に定める要件を満たした原産性を示す書類を、税関に提出します。この申請では、右ページの原産地に関する申告文は用いられません。

　税関に対する説明責任は輸入者にあるため、輸入者は輸出者から原産性を説明するのに十分な情報を入手している必要があります。

☆書類保存の義務

　輸出者（生産者を含む）および輸入者は、輸入国税関からの問い合わせに備えて関連書類を保管する義務が協定に定められています。

　日本の場合は、国内法令でも書類の保管義務が定められています。

🜨 貿易資料2−2
原産地に関する申告文（日EU・EPAの例）

日EU・EPAにおける輸出者による自己申告の場合、原産品申告書はインボイス（仕入書）その他の商業上の文書に、協定附属書3-Dに定められた申告文を用いて作成します。文言は和文のほか、英語を含むEUの諸言語で作成可能です。

○日EU・EPA協定（付属書3−D）が定める申告文（日本語）

同一の原産品が2回以上
輸送される場合の期間
（12か月以内）

日本からの輸出者の
場合は法人番号

（期間：...............から...............まで）※2

この文書の対象となる産品の輸出者（輸出者参照番号※3..........）は、別段の明示をする場合を除くほか、当該産品の原産地..........が特恵に係る原産地であることを申告する。

（用いられた原産性の基準）※4

....

（場所及び日付）※5

....

（輸出者の氏名又は名称（活字体によるもの））

....

A: 完全生産品、
B: 原産材料のみから生産される産品、
C: 実質的変更基準を満たす産品、
　（1: 関税分類変更基準、2: 付加価値基準、
　　3: 加工工程基準）
D: 累積、
E: 許容限度

○日EU・EPA協定（付属書3−D）が定める申告文（英語）

(Period: from 1 May 20X1 **to** 1 May 20X2 **)**
The exporter of the products covered by this document (Exporter Reference No JE0000111 **) declares that, except where otherwise clearly indicated, these products are of** Japan **preferential origin.**
(Origin criteria used) C1, E
(Place and date) 1-XX, Nihonbashi, Chuo-ku Tokyo,
1 May 20X1
(Printed name of the exporter) Japan Export Co., Ltd.

索　引

さ行

た行

【著者紹介】

黒岩 章（くろいわ・あきら）

◉──貿易ビジネスコンサルタント。ジェトロ認定貿易アドバイザー（現AIBA認定貿易アドバイザー）。1953年大阪生まれ。1976年神戸大学経済学部卒業、同年に総合商社の丸紅株式会社に入社。運輸保険部にて鉄鋼製品、製鋼原料、穀物、肥料、砂糖、機械など多岐にわたる商品の貿易実務に従事する。10年間の米国駐在を含む国際ビジネス経験が豊富で、商社や船会社、保険会社、フォワーダーなど貿易関係業界に幅広い繋がりをもつ。2001年より伊藤忠丸紅鉄鋼株式会社に勤務し、物流保険部長、常勤監査役を経て2018年に同社退社。貿易ビジネスコンサルタントのほか国際商業会議所日本委員会をはじめ各所で貿易実務セミナー講師を務める。

◉──著書に、『改訂版 はじめての人の貿易入門塾』『貿易実務完全バイブル』（いずれも小社刊）がある。

かいていばん
改訂版 これならわかる貿易書類入門塾
ぼうえきしょるいにゅうもんじゅく

2021年6月21日　　第1刷発行

著　者──黒岩　章
発行者──齊藤　龍男
発行所──株式会社かんき出版
　　　　　東京都千代田区麴町4-1-4 西脇ビル　〒102-0083
　　　　　電話　営業部：03（3262）8011（代）　編集部：03（3262）8012（代）
　　　　　FAX　03（3234）4421　　　　　　振替　00100-2-62304
　　　　　https://kanki-pub.co.jp/
印刷所──ベクトル印刷株式会社